Franz Kurowski

Major
Heinz-Wolfgang Schnaufer

Franz Kurowski

Major Heinz-Wolfgang Schnaufer

Der erfolgreichste Nachtjäger aller Zeiten

FLECHSIG

Umwelthinweis:
Dieses Buch und der Umschlag wurden auf chlorfrei gebleichtem Papier gedruckt.
Die Einschrumpffolie – zum Schutz vor Verschmutzung – ist aus umweltverträglichem und recyclingfähigem PE-Material.

5. Auflage 2018

Flechsig Verlag
Internet: www.verlagshaus.com
Einbandgestaltung: Silberwald Agentur für visuelle Kommunikation, Rimpar
www.silberwald.biz
Gesamtherstellung: Himmer GmbH Druckerei und Verlag, Augsburg
www.himmer.de
Printed in Germany
ISBN 978-3-88189-736-5

Inhalt

Die deutsche Nachtjagd

Technik und Taktik der hellen und kombinierten Nachtjagd

Als sich in den Jahren 1936 und 1937 die ersten Flieger-Experten dafür aussprachen, so etwas wie die Anfänge einer Nachtjagd aufzubauen, um die möglicherweise nach Deutschland eindringenden feindlichen Bomberkräfte zu stoppen, winkte die deutsche Luftwaffenführung ab. Man war nicht in der Lage, sich vorstellen zu können, dass Deutschland einmal Opfer eines großangelegten Bombenkrieges werden könne. Dazu würde es niemals kommen! Nachdem Polen und Frankreich in Blitzfeldzügen niedergerungen waren schien diese Haltung gerechtfertigt.

Dennoch gab es einige wenige Flieger, die diese Idee weiter verfolgten. Einer von ihnen war Hauptmann Wolfgang Falck, Kommandeur der I./Zerstörergeschwader 1 in Aalborg. Er wollte die, in der Abenddämmerung, ein- und ausfliegenden britischen Bomber angreifen und abschießen. Dazu stellte er einige Maschinen ab, die in Sitzbereitschaft warteten, bis Feindbomber gemeldet wurden.

Am Abend des 23. April 1940 waren dies Hauptmann Falck, die Oberleutnante Radusch und Streib, sowie der Oberfeldwebel Thier.

Als Feindbomber gemeldet wurden, starteten die vier Flieger. Thier und Streib erhielten Kontakt zum Gegner, was ohne eine Bodenleitstelle nicht einfach war. Nur Thier konnte den Gegner sichten, kam aber nicht mehr zum Schuss.

Dennoch ließ sich Hauptmann Falck im Mai 1940 beim Oberbefehlshaber der Luftwaffe melden. Er trug den Generalen Udet, Milch und Kesselring seine Ideen vor.

Als der Frankreich-Feldzug zu Ende ging, hatte Falck am 26. Juni die Gelegenheit, auch Reichsmarschall Göring seine Theorien zur Bomberbekämpfung vorzutragen. Als von Göring hinzugezogene

Experten waren der Luftflottenchef 2, Albert Kesselring, der Personalchef der Luftwaffe Kästner und Generalluftzeugmeister Ernst Udet zugegen.

Göring befahl nunmehr (die ersten Feindeinflüge von Bombern hatten ihn offenbar eines Besseren belehrt) die Aufstellung des ersten Nachjagdgeschwaders und machte den verblüfften Falck zum Kommodore desselben.

Die erste Aufbauphase des Nachtjagdgeschwader 1 verlief schwierig, weil keine für die Nachtjagd speziell geeigneten Maschinen und kein Bodennetz zur Verfügung standen. Geschultes Personal gab es ebensowenig. Dennoch ging es in der Theorie sofort zur Sache. Am 19. Juli 1940 erfolgte die Aufstellung der 1. Nachtjagddivision, die von Oberst Josef Kammhuber befehligt wurde.

Die helle Nachtjagd begann und Oberleutnant Werner Streib schoss den ersten Gegner ab. In dieser Zeit kam auch der damalige Leutnant Helmut Lent zur Nachtjagd. Er wollte wenige Wochen später, nach frustrierenden Wartereien und Fehlschlägen, wieder zur Zerstörerwaffe zurück. Es war Major Falck, der ihn dazu bewog, bei der Stange zu bleiben. Falck sollte Recht behalten.

Was war die helle Nachtjagd, die zu Beginn des Jahres 1941 von Hamburg bis nach Lüttich einsatzbereit war? Es handelte sich um einen Scheinwerferriegel, der später von Flensburg bis nach Reims reichte. Dieser gewaltige Raum war zunächst in 18 Einsatzräume aufgeteilt, deren jeder 45 km breit und 35 km tief war. In jedem dieser Nachtjagdräume befanden sich eine Scheinwerferabteilung, drei Nachtjäger und eine Luftnachrichten-Kompanie. Das gesamte System funktionierte folgendermaßen:

Vor jedem der Einsatzräume war ein Freya-Funkmessgerät aufgestellt. Dieses suchte jeweils für seinen Raum den Einflugbereich des Gegners ab. Wenn der Gegner erfasst war, wurde er von vier „Würzburg-Geräten“ übernommen, diese wiesen über den jeweiligen Gefechtsstand des Luftverteidigungsraumes die Scheinwerfer-Batterien ein. Diese erfassten die einfliegenden Bomber und leuchteten sie aus.

Damit gaben sie den Nachtjägern die Chance, den Feind zu sehen und ihn angreifen zu können.

In jedem der Luftverteidigungsräume waren drei Messerschmitt Bf 110 eingesetzt. Während eine im gesamten Gefechtsbereich flog, befand sich die zweite mit ihrer Besatzung in Sitzbereitschaft startbereit, während die dritte in Reserve stand.

Da dies ein viel zu vielschichtiges Gewirr und Durcheinander ergab, und eine Vielzahl an Truppen für nur wenige Nachtjäger erforderte, wurden einzelne Räume zu Großräumen zusammengefasst. Diesen vorgeschoben waren Dunkel-Nachtjägerzonen. Auch hinter den hellen Räumen schloss sich jeweils eine weitere Dunkelnachtjagdzone an.

Dass der Gegner sehr rasch auf diese „Freudenfeuer“ verzichtete und bei Erreichen der erleuchteten Zonen im Steilflug durch diese hindurchstieß, oder sie einfach umflog, waren die Abschusserfolge trotz des riesigen Aufwandes gering.

Das System wurde ab Juli 1941 aufgegeben. Nicht nur, dass es sich als zu aufgebläht erwies, sondern auch, weil die Gauleiter von Hitler forderten, die Scheinwerferbatterien wieder der Heimatflak am Rande der Großstädte zu deren Unterstützung zuzuführen.

In den folgenden Monaten ging man dazu über, die kombinierte Nachtjagd auszubauen, mit der die Abwehrkräfte zu Lande und in der Luft gestärkt und schlagkräftiger gemacht werden konnten.

Bei der kombinierten Nachtjagd wurden die Luftwaffenverbände in den kritischen Räumen Kiel, Hamburg, Dortmund, Bremen, Duisburg, Frankfurt, Mannheim und Nürnberg-München zusammengezogen.

Jedes dieser Großgebiete war in drei Sektoren eingeteilt und vor jedem Sektor lag eine Funkmessstellung, die mit einem Suchgerät des Typs „Freya“ und zwei „Würzburg-Geräten“ bestückt waren, von denen ein Gerät den feindlichen Verband erfasste und das zweite die eigenen Jäger.

Die von beiden Würzburggeräten ermittelten Werte wurden zum Divisionsgefechtstand der Flakdivision weitergeleitet, dort ausgewertet und die Ergebnisse mittels Lichtwerfern von unten auf eine waagerecht liegende Glasplatte in Form von roten und grünen Lichtpunkten projiziert.

Dieser so genannte „Seeburgtisch“ zeigte damit die Lage der Bomber ebenso wie jene der sie verfolgenden Jäger an, sodass der Flakleitoffizier nach diesen Werten die Flak und die Scheinwerfer-Batterien auf die Feindbomber einwies.

Zur gleichen Zeit führte der Jäger-Leitoffizier die Nachtjäger an den Bomberpulk heran. Sobald sich das Feuer der Flak den Positionen der Jäger näherte, wurde ihr Feuer auf die Räume unterhalb 4000 Meter gelegt, sodass die eigenen Jäger; darüber fliegend, nicht gefährdet wurden.

Bei diesem Verfahren kam es immer wieder zu Abschüssen der Jäger durch die eigene Flak, sodass schließlich auch die kombinierte Nachtjagd eingestellt wurde.

Die ferne Nachtjagd

Neben der Aufstellung des Nachtjagdgeschwaders 1 wurde beinahe gleichzeitig eine weitere Nachtjagdgruppe aufgestellt, die mit Do 17 und Ju 88 ausgerüstet wurde und über die erforderliche Reichweite zur „fernen Nachtjagd“ verfügten. Diese Gruppe wurde von Hauptmann Heyse geführt und später I./Nachtjagdgeschwader 2 genannt.

Die ferne Nachtjagd beruhte auf der Voraussetzung, dort angreifen zu können, wo der Gegner dies am wenigsten vermutete. Das war der Raum seiner Luftbasen und Flugfelder. Da ein Flugzeug während des Landevorganges am verwundbarsten ist, musste es dort angegriffen werden. Dazu wurde durch die Funkhorchabteilung West der Funkverkehr in England abgehört, sodass man bereits vor dem Start feindlicher Verbände Zeitpunkt und Ort der Starts erkennen konnte. Während sich die Bomberverbände in der Luft sammelten, griffen deutsche Nachtjäger an und schossen die ersten aus den kreisenden Pulks heraus. Darüber hinaus gab es Nachtjäger, die zur Zeit der voraussichtlichen Rückkehr der Bomber nahe den Landeplätzen kurvten und sich auf landende Maschinen stürzten.

Nach einer Reihe von Erfolgen war es für die Nachtjäger umso verblüffender, dass Hitler am 12. Oktober 1941 die Einstellung dieser Art des Kampfes befahl. Sie war in seinen und den Augen seiner Gauleiter offenbar nicht spektakulär genug. Die in den Kellern sitzenden Menschen in Deutschland erfuhren nichts von diesen Erfolgen. Außerdem konnten die Abschusserfolge nicht verifiziert werden. Das waren zwar völlig idiotische Beweggründe, aber, von höchster Stelle ausgegeben, waren sie zu befolgen.

Dass dennoch viele Besatzungen auch nach dem Verbot der fernen Nachtjagd nächtens über der Insel kreisten, wussten nur die Gruppenkommandeure und diese waren sicher, dass ihre Besatzungen Erfolge nur dann meldeten, wenn sie wirklich erzielt worden waren.

Dass auch auf dem Ostkriegsschauplatz Nachtjagd geflogen wurde, verstand sich aus der Natur der Sache und der Tatsache, dass die russischen Bomber abgewehrt werden mussten.

Es war Leutnant Leykauf vom Jagdgeschwader 54, der in der Nacht zum 23. Juni 1941 an der Ostfront mit seiner Bf 109 G sechs russische Bomber abschoss. Maschinen aller Typen beteiligten sich an der Nachtjagd über Russland. So auch Unteroffizier Döring vom Kampfgeschwader 55, der mit seiner He 111 mehrfach erfolgreich war. Döring hatte sich mehrere MG in die Kanzel seines Kampfflugzeuges einbauen lassen.

Über einige Behelfs-Nachtschwärme entstanden schließlich auch an der Ostfront die ersten Nachtjagdverbände. So die IV./Nachtjagdgeschwader 5 unter Hauptmann Heinrich Prinz zu Sayn-Wittgenstein.

Auch in Afrika wurden mit der I./Nachtjagdgeschwader 2 Nachtjäger eingesetzt. Dieser ersten Gruppe folgte später das gesamte Geschwader nach, welches nach der Kapitulation in Afrika am 12. Mai 1943 von Sizilien aus seine Einsätze flog und später, nach der alliierten Landung auf Sizilien, nach Mittelitalien verlegte.

Die dunkle Nachtjagd

Als im Sommer 1941 die ersten Stationen des „Himmelbett-Verfahrens“ eingesetzt wurden und man, Zug um Zug, ein ganzes Netz von „Himmelbett-Jagdräumen“ schuf, hatte die Geburtsstunde der wirklichen Nachtjagd begonnen.

Die „Himmelbett-Nachtjagd“ funktionierte nach dem Prinzip der „kreisförmigen Überwachungsräume“. Die Größe dieser Überwachungskreise richtete sich naturgemäß nach den Reichweiten der deutschen Funkmessgeräte.

Während die Würzburg-Geräte eine Reichweite von 35 km hatten, verfügten die im Frühjahr 1942 zur Front gelangenden „Würzburg-Riesen“ über eine solche von etwa 70 Kilometern. Damit konnte folgendes Verfahren sichergestellt werden: Ein Freyagerät wurde mit seiner Reichweite von 150 Kilometern zur Früherfassung für eine „Himmelbettstellung“ angesetzt. Sie wiesen die präziseren genaueren Würzburggeräte ein. Zunächst den „Würzburg-Riesen“, der den Bomber aus 60 bis 70 km Distanz ortete und ihn so lange im „Blickfeld“ behielt, bis das zur Führung des Jägers eingesetzte Würzburggerät ihn ebenfalls erfasst hatte.

Von dem Freyagerät wurde der Gegner an ein Würzburg-Rot-Gerät übergeben. Die Rot-Geräte hielten den Gegner erfasst. Die Würzburg-Grün-Geräte wiederum führten die eigenen Jäger an die Feindbomber heran.

Während des vorangegangenen Messvorganges hatte der jeweilige Nachtjäger in Anflughöhe im „Warteraum“ zu kreisen. Dort war zur Dauerorientierung ein Funkfeuer installiert. Ein zweiter Jäger war in Sitzbereitschaft und ein dritter war in Alarmbereitschaft, was der gleichen Einteilung wie bei der hellen Nachtjagd entsprach.

Die Jägerleitoffiziere führten nach den Angaben der beiden Funkmessgeräte Rot und Grün, deren Signale auf den Seeburgtischen erschienen und gut abzulesen waren, die Jäger an den Gegner heran.
Entscheidender Nachteil auch hier war die Tatsache, dass nur ein Jäger je-

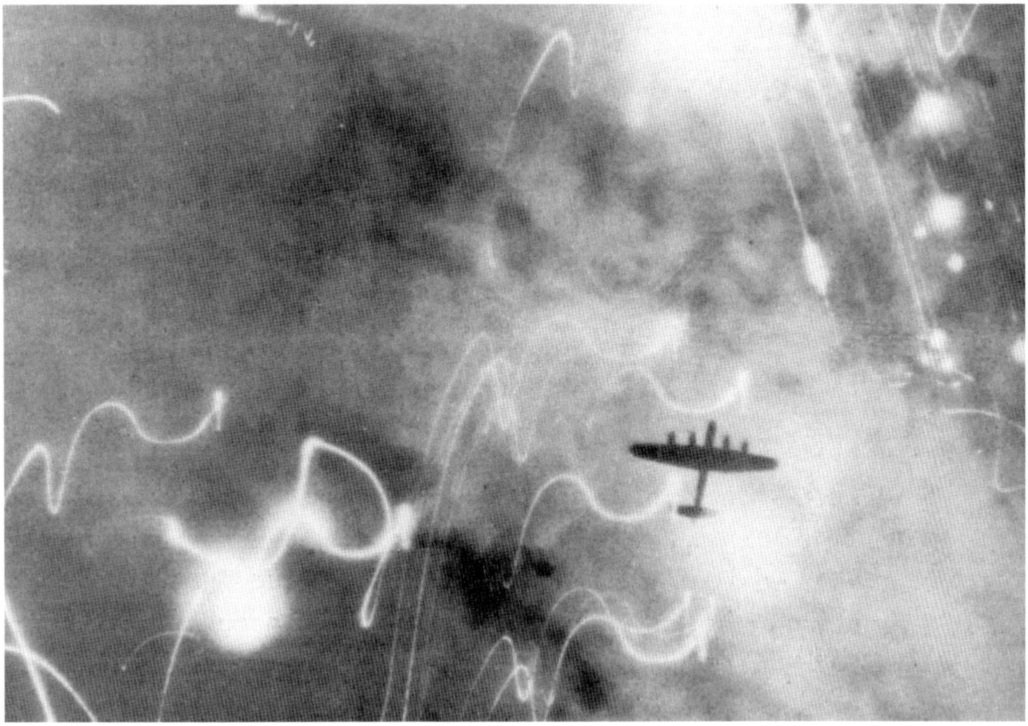

Ab 1942 führte das britische Bomber-Command schwere Bombenangriffe auf deutsche Innenstädte durch, um diese zu zerstören und die Moral der Bevölkerung zu brechen. Hier ein Lancaster-Bomber über einer brennenden Stadt.

So sahen viele deutsche Städte aus, nachdem das Feuer ausgebrannt oder gelöscht war. Es gab Hunderttausende zerstörter Häuser und unzählige Opfer.

Das Scheinwerferlicht der Flakscheinwerfer am nächtlichen Himmel, wurde für die deutsche Bevölkerung in den Städten zu einem gewohnten Bild.

Die 8,8 cm-Flak war die Standard Flugabwehrkanone (Flak) und wurde zur Abwehr gegen die einfliegenden Bomberströme der Alliierten eingesetzt.

Bis 1942 war die „Wellington“ das am häufigsten eingesetzte Bombenflugzeug der britischen Luftwaffe, bei ihren nächtlichen Flügen ins Deutsche Reich. Bei einer Besatzung von 5-6 Mann und 8 Abwehr-MGs konnte sie bis zu 2,2 t Bomben tragen.

Die Short „Stirling“ war der erste 4-motorige Bomber, der in größerer Stückzahl gebaut wurde. Mit 7-8 Mann Besatzung, 6-8 Abwehr-MGs konnte sie bis zu 6,3 t Bomben tragen.

Die Mosquito war ab 1943 der gefährlichste Feind der deutschen Nachtjäger. Mit einer Höchstgeschwindigkeit von 670 km/h, war sie für die deutschen Nachtjäger kaum zu erreichen. Mit 2 Mann Besatzung und 4 x 2 cm-Kanonen armiert, konnte sie sogar noch Bomben tragen.

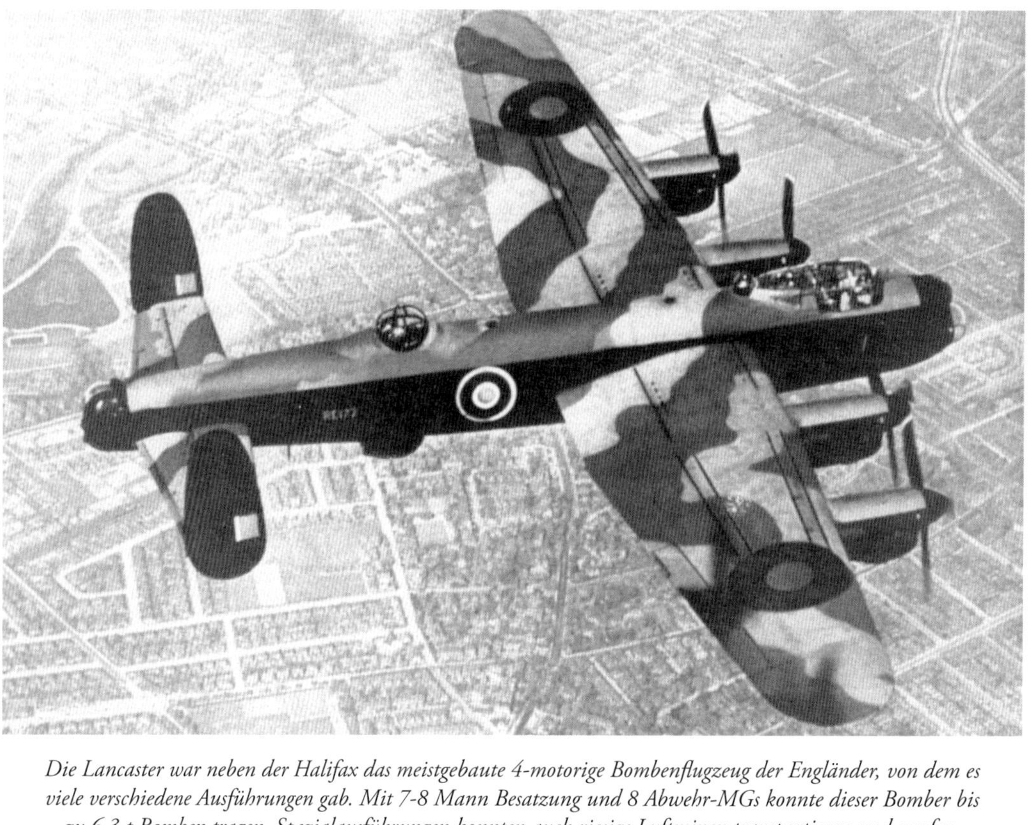

Die Lancaster war neben der Halifax das meistgebaute 4-motorige Bombenflugzeug der Engländer, von dem es viele verschiedene Ausführungen gab. Mit 7-8 Mann Besatzung und 8 Abwehr-MGs konnte dieser Bomber bis zu 6,3 t Bomben tragen. Spezialausführungen konnten auch riesige Luftminen transportieren und werfen.

Anfliegende Bomberverbände wurden gemeldet.
Die Me 110-Nachtjäger starten, um den Gegner abzufangen.

Nächtliche Motorenprüfläufe bei einer Me 110.
Ohne die fleißigen Warte war kein Einsatz möglich.

Neben der Me 110 war die Ju 88 in ihren Nachtjagdversionen das meistverwendete deutsche Nachjagdflugzeug. Beide Maschinen wurden bis zum Kriegsende eingesetzt.

Eine Me 110 G-4 mit Ortungsgerät, scherzhaft „Hirschgeweih" genannt.

Offiziere einer Nachtjagdeinheit besprechen mögliche Einflugrouten der Bomberströme aus England.

Luftwaffenhelferinnen bedienen im Gefechtsstand einer Nachtjagddivision die Lichtpunktwerfer, die auf einer 14 Meter großen Glaswand den Weg der gegnerischen Bomber markieren.

Jägerleitoffiziere entscheiden welche Nachtjagdeinheiten an den Gegner herangeführt werden können und führen die Flugzeuge per Sprechfunk in die betreffenden Planquadrate.

Eine Ju-88 Nachtjagdbesatzung starrt angespannt in die rabenschwarze Nacht auf der Suche nach den einfliegenden Bombern.

Die nächste Ju-88 ist startbereit, der Flugzeugwart zieht den Bremsklotz weg, los gehts!

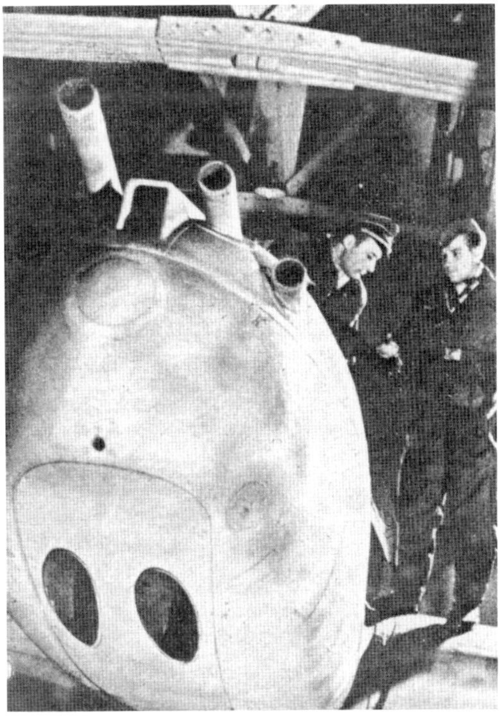

Blick auf die „Nase" einer Me 110. Mit vier MGs und zwei 2 cm-Kanonen verfügte die Me 110 über eine beachtliche Feuerkraft! Später kamen noch weitere Waffen dazu wie die „schräge Musik", zwei 2 cm-Kanonen, die nach oben feuerten.

Der viermotorige Nachtbomber Handley-Page „Halifax" ergänzt die Reihe der schweren britischen Terrorbomber. Seine Abwehrbewaffnung von ebenfalls nur 3 MG-Ständen würde ihn als Tagbomber, ebenso wie die „Lancaster" allzu verwundbar machen. Die Reisegeschwindigkeit der „Halifax" und der „Lancaster" liegt mit 320 km/h für Nachtbomber verhältnismäßig hoch

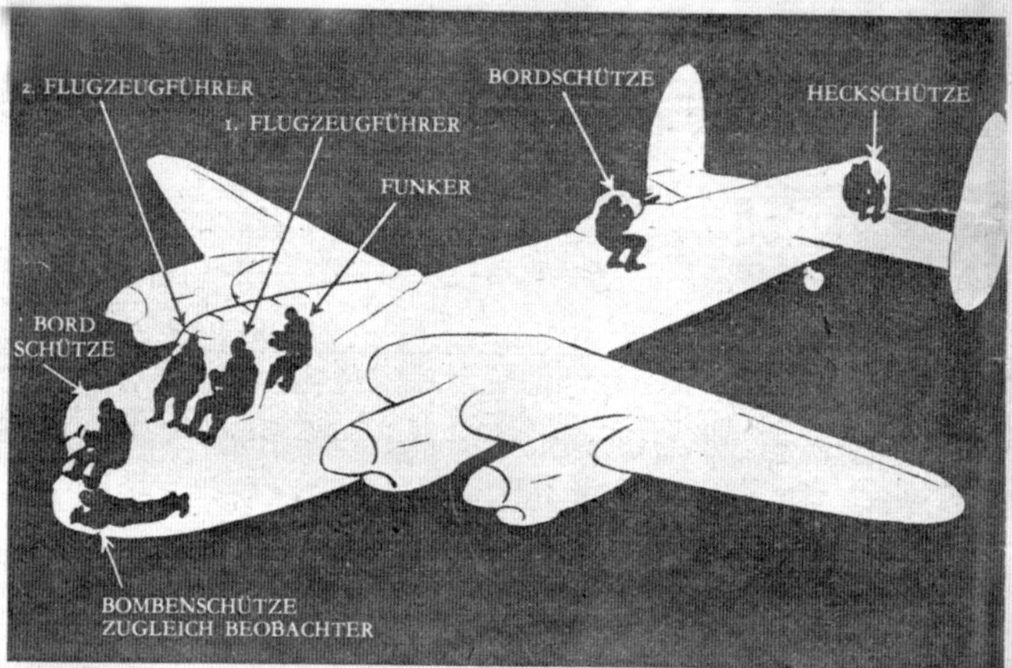

LANCASTER ↑ ↓ HALIFAX

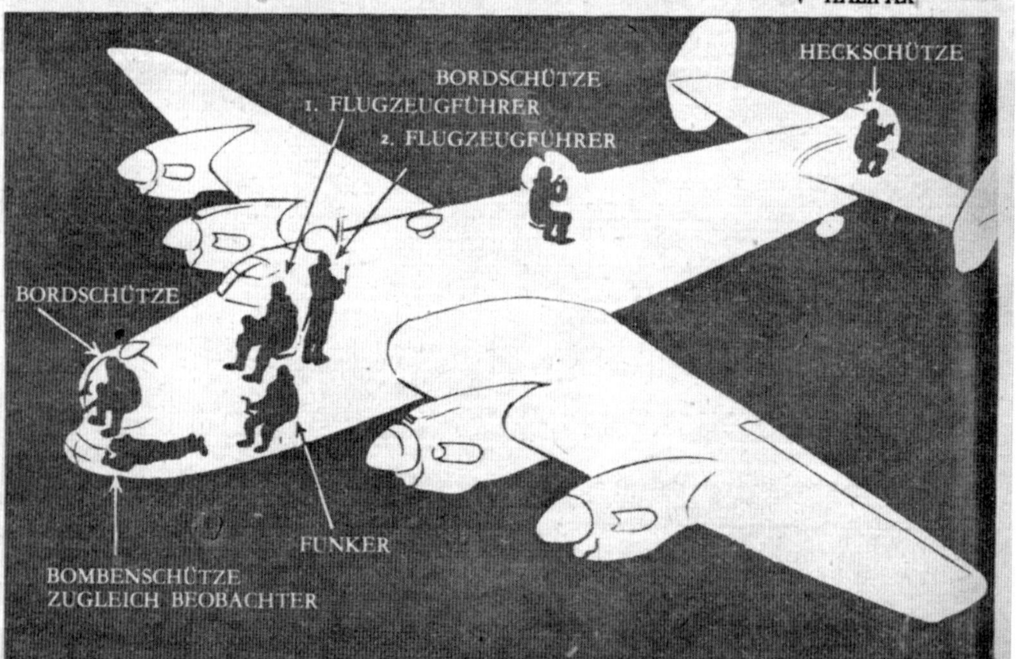

Die Luftwaffen-Propaganda-Zeitschrift „Der Adler" zeigt die beiden englischen Bomber Lancaster und Halifax, die ab 1943 die wichtigsten Flugzeuge für die nächtlichen Einsätze waren.

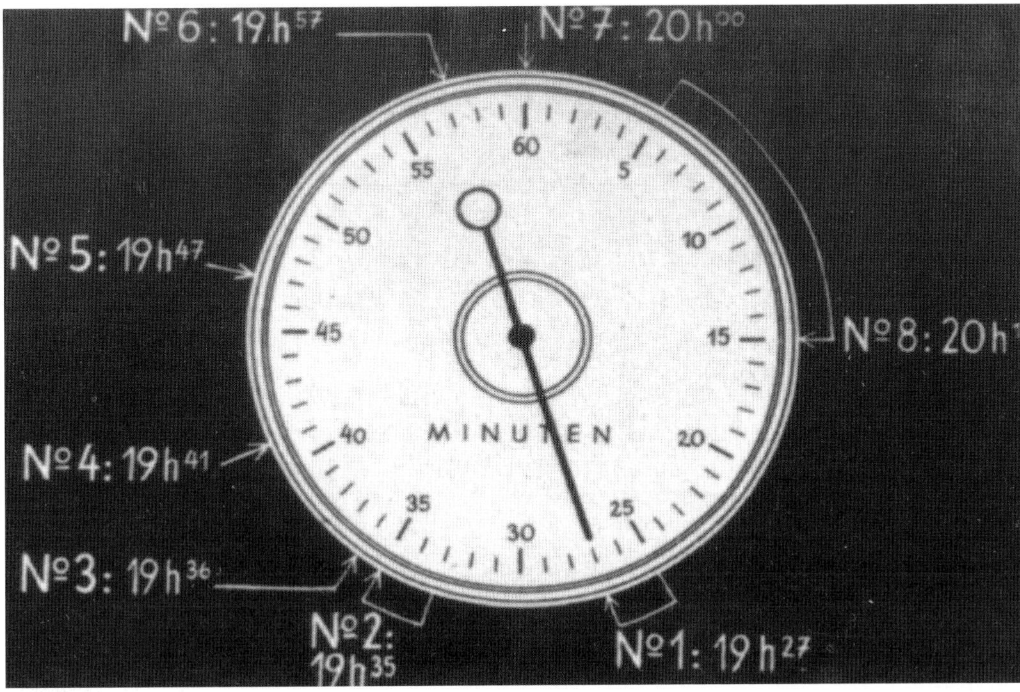

Hatte ein Nachjäger viel Glück und „schwamm" zur rechten Zeit im Bomberstrom mit, konnte er eine ganze Reihe von Abschüssen erzielen, wie hier Major Herget, dem es gelang in weniger als 1 Stunde 8 Bomber vom Himmel zu holen.

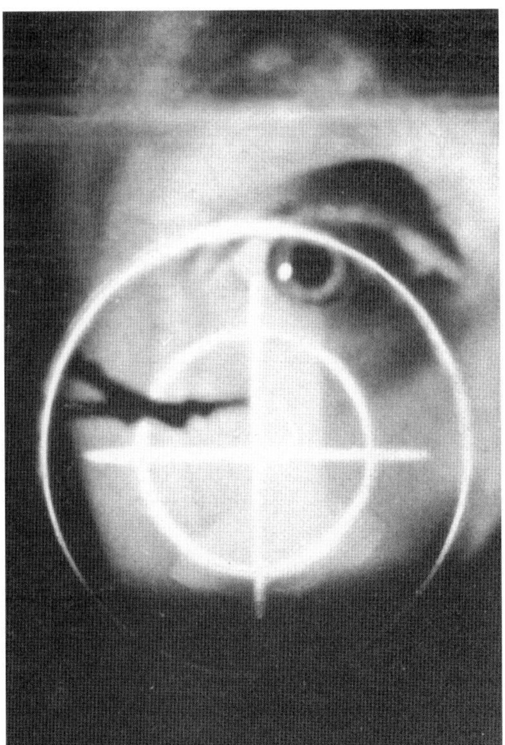

Ein Leuchtvisier eines Nachtjägers mit einem hineinprojizierten Bombermodell bei einer Schulungsmaßnahme.

Anhand von Flugzeugmodellen erlernen die Nachtjagdpiloten, wo die Abwehrbewaffnung der englischen Bomber sitzt, und welche Angriffsmethoden zu wählen sind.

Bei der „hellen" Nachtjagd hatten die Scheinwerferbedienungen – im Regelfall Luftwaffenhelfer – den Auftrag, die Bomber über dem Zielgebiet anzuleuchten, sie zu blenden und dem Nachtjäger sichtbar zu machen.

Später wurden auch Luftwaffen-Helferinnen an Scheinwerfern eingesetzt. Das war eine sehr gefährliche Aufgabe, weil die lästigen Scheinwerfer von den Bombern beschossen wurden.

Mit der Entwicklung des Horchgerätes wurde die Ortung von einfliegenden Flugzeugen zum ersten Mal möglich. Relativ grob konnte man mit diesem Gerät die Einflugrichtung des Gegners und die momentane Entfernung ermitteln.

Ab 1941 wurden verschiedenste Funkortungsgeräte entwickelt, um die Bomber im Dunklen zu finden. Hier ein „Freya-Gerät".

Mit Hilfe des „Freya-LZ-Gerätes" wurden die anfliegenden Bomber erfasst und mit Hilfe der „Würzburg-Geräte" wurde die Fühlung zu den Bomberströmen gehalten. Die Ergebnisse wurden in den Gefechtsständen ausgewertet und von dort die Luftverteidigung durch Flak und Nachtjäger koordiniert.

Der „Würzburg-Riese": Er stellte ein fortschrittliches Funkortungssystem dar. Jedoch entwickelten die Briten Gegenmaßnahmen, um die Ortung ihrer Bomber zu stören.

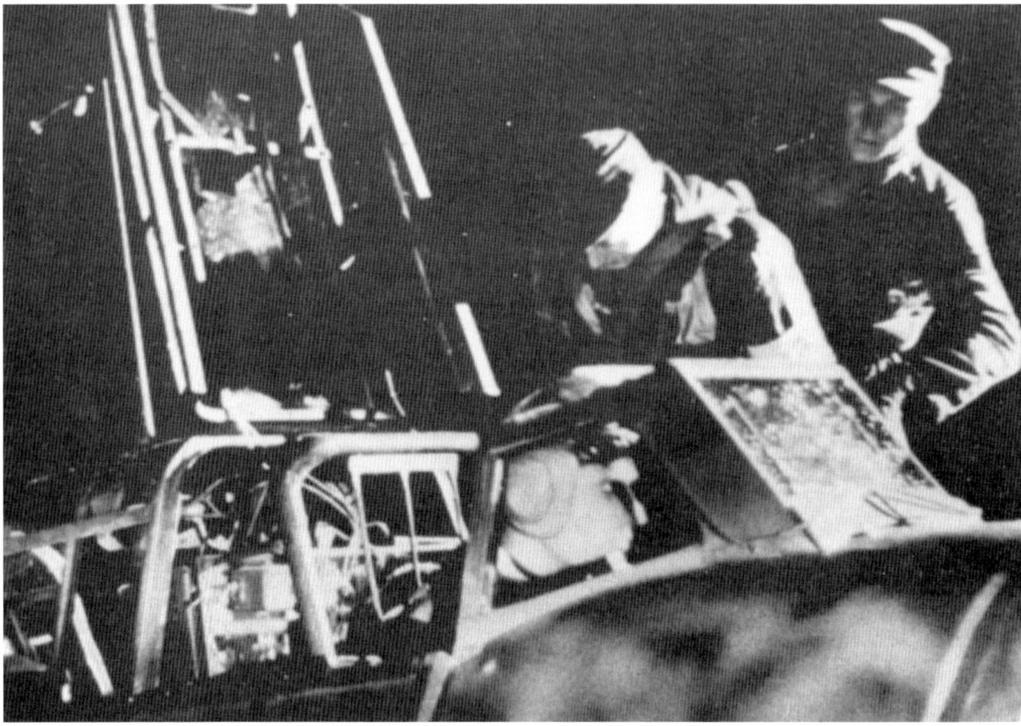

Heinz-Wolfgang Schnaufer beim Einstieg in seine Me 110. Niemand konnte zu diesem Zeitpunkt ahnen, dass er einmal der erfolgreichste Nachtjäger des Zweiten Weltkrieges werden sollte.

Heinz-Wolfgang Schnaufer beim Einstieg in seine Kabine, das Wappen der Nachtjagdeinheit ist an der Bordwand zu erkennen.

Der Griff nach hinten zur Abdeckung der Pilotenkanzel, die Seitenverglasung hängt noch an der Bordwand.

Offiziere des Nachtjagdgeschwaders 1, Heinz-Wolfgang Schnaufer rechts vorne sitzend. Links: Greiner, daneben Drewes und mit Ritterkreuz Hauptmann Hans Joachim Jabs.

Deutschlands Städte versanken in Ruinen. Ab 1943 flog die RAF beinahe täglich Angriffe auf deutsche Städte mit Hunderten von Bombern, die abgewehrt werden sollten.

Herbst 1943: General Loerzer und Reichsmarschall Göring treffen zu Besuch beim Nachtjagdgeschwader 1 ein. Göring – jovial – plaudert mit Heinz Vinke über sein Ritterkreuz. Hermann Göring hat seine Hals-Orden nicht angelegt, weil er mit Hitler Streit über „seine“ Luftwaffe hatte.

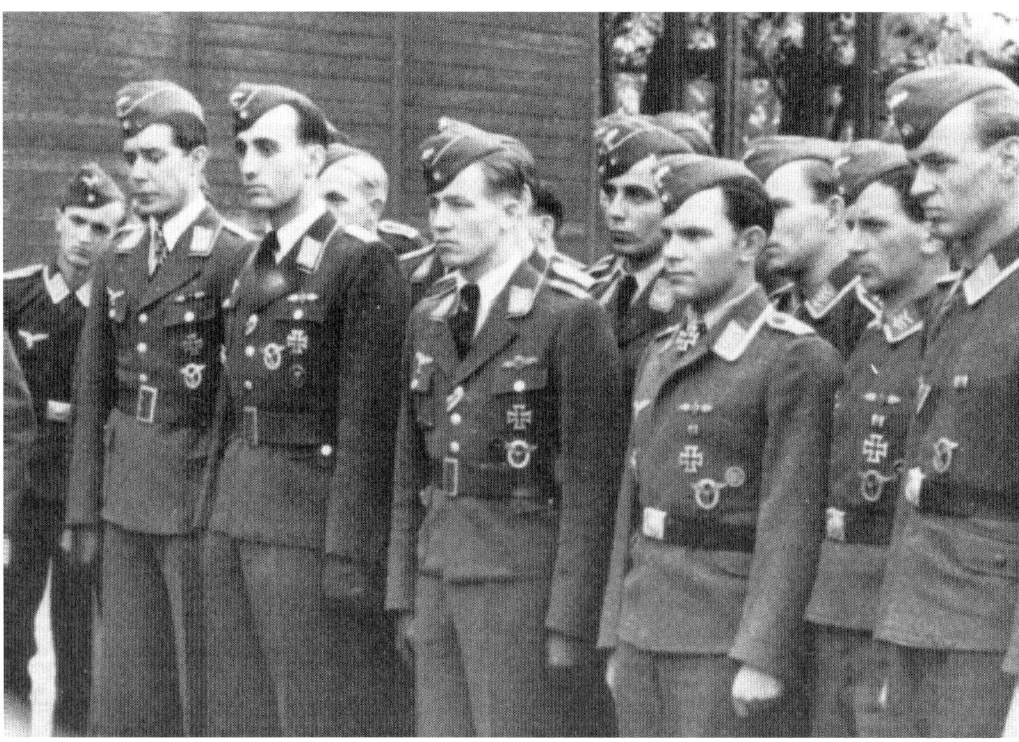

Für Göring angetreten, Hans-Joachim Jabs, Heinz-Wolfgang Schnaufer, Martin Drewes, Heinz Vinke u. a.

weils direkt eingesetzt werden konnte. Dies gab dem Gegner die Chance, seine Bomberverbände auf engstem Raum zu massieren, sodass nur zwei bis drei Jäger gegen sie zum Einsatz gelangen konnten. Diese Tatsache führte zu mehreren Modifizierungen der Himmelbett-Verfahren.

Die „Augen" der Nachtjäger: Der „Spanner" – Das „Lichtenstein-Gerät"

Entwicklung und Einsatz elektronischer Such- und Abwehrgeräte wurden auf beiden Seiten des „Zaunes" eifrig vorangetrieben. Als deutsche Ingenieure das FuG 227 „Flensburg" entwickelten, das auf die Heckwarngeräte „Monica" des Gegners ansprach und die deutschen Nachtjäger sicher ans Ziel führte, wurde „Monica" durch ein anderes System ersetzt.

Deutscherseits wurde dann der „Spanner" eingeführt, ein optisches Suchgerät, das auf Infrarotbasis arbeitete. Das erste Funkmessgerät an Bord eines Nachtjägers war das FuG 202 „Lichtenstein BC"

Mit seiner Hilfe gelang es Leutnant Becker, den ersten Abschuss zu erzielen.

Es folgten verbesserte Lichtenstein-Geräte und das SN 2. Mit Hilfe dieser Geräte konnten die letzten Lücken bis zur Sichtung per Auge überbrückt werden. Die Bordfunker konnten mit Hilfe dieser Geräte ihren Flugzeugführer über die letzten paarhundert Meter an den Gegner heranführen, die das Würzburggerät nicht mehr arbeitete. Das gegnerische Flugzeug wurde bei Lichtenstein-Geräten direkt angemessen.

Das bessere Nachfolgegerät, „Naxos" sprach auf das von den Bombern mitgeführte H2S-Gerät an, das deutscherseits Rotterdam-Gerät genannt wurde, weil man es erstmals in einem über Rotterdam abgeschossenen Bomber gefunden hatte.

Es gab bis Kriegsende eine Reihe weiterer Mittel und Gegenmittel, den Feind zu finden, oder nicht gefunden zu werden.

Die einfachste Methode war britischerseits das Abwerfen von „Düppelstreifen", jenen Aluminiumstreifen bestimmter Länge, die das gesamte Bordsystem und auch die deutschen Bodenstationen blind machten.

So weit die Geschichte der Entwicklung der Nachtjagd, um nunmehr in den Einsatz eines Nachtjägers einzuschwenken, der sich binnen Jahresfrist an die Spitze aller deutschen Nachtjäger setzen konnte. Heinz-Wolfgang Schnaufer.

Gemeinsam mit der nur wenige hundert Männer starken Gruppe der erfolgreichsten Nachtjäger nahm er eine Sonderstellung ein.Hier ist seine Geschichte.

Die Auflösung des XII. Fliegerkorps

Bis Ende Juli 1943 hatte die deutsche Nachtjagd an allen Fronten (also unter Einschluss Russlands) insgesamt 2.062 Luftsiege erkämpft. Im August kamen 230 hinzu. Dieser starke Monatserfolg war darauf zurückzuführen, dass die bisher geführte Nachtjagd, die den Experten vorbehalten war, in die ungeführte Nachtjagd einmündete und mehr Nachtjäger am Feind sah.

Nun kamen nicht nur die alten Kämpen an die Reihe. Auch junge Nachtjäger schrieben sich in die Erfolgslisten ein. 47 junge Besatzungen verbuchten im August 1943 ihre ersten Erfolge.

Dennoch schlugen die Dauereinsätze der Nachtjagd mehr und mehr auf die Besatzungen zurück. Am 20. September 1943 meldete beispielsweise das I. Jagdkorps 390 einsatzbereite Jäger. Eine Woche darauf waren es nur noch 308. Im Oktober schossen die Jäger des I. Jagdkorps`bei 728 Einsätzen in neun Nächten nur 82 Bomber ab, bei 24 eigenen Verlusten. Unter den Toten auch der Kommandeur der II./Nachtjagdgeschwader 1 Major Ehle, der am 17. November 1943 nach einem Einsatz bei der Landung auf dem Platz von St. Trond wegen Ausfalls der Platzbeleuchtung mit seiner Besatzung tödlich abstürzte. Ehle hatte bis dahin 31 Luftsiege errungen und trug seit dem 29. August 1943 das Ritterkreuz. Am 24. Dezember 1943 wurden vom I. Jagdkorps

166 Maschinen eingesetzt. Am 29. Dezember waren es nur noch 66, die nur von Experten geflogen wurden. An dieser Art des Abnutzungskrieges änderte sich auch im neuen Jahr 1944 nichts. Wenn auch die RAF, erschöpft und von den großen Verlusten gezeichnet, in einer Krise steckte, so konnte diese doch durch eine beliebige Anzahl neuer Flugzeuge und was noch wichtiger, ja entscheidend war – an Besatzungen binnen kürzester Zeit regenerieren. Sie konnte Zeitpunkt und Ziel ihrer Angriffe bestimmen und die deutsche Abwehr mit ihrer in jeder Nacht etwa fünffachen Übermacht verzetteln. Hinzu kam, dass die britischen Navigationsverfahren den Einsatz bei jedem Wetter möglich machte.

Am 31. Januar 1944 wurde Generalleutnant Weise als Kommandierender General des Luftwaffenbereichs Mitte abgelöst. Seine Dienststelle wurde in „Luftflotte Reich" umbenannt. Oberbefehlshaber derselben wurde am 18. Januar 1944 Generaloberst Stumpff.

Als im Oktober 1943 die Rückgänge der Abschusszahlen der Nachtjagd beim Generalluftzeugmeister Generalfeldmarschall Milch erörtert wurden, zeigten sich eine Reihe schwerwiegender Mängel. Zu ihnen gehörten auch Pannen in der Befehlsübermittlung vom XII. Fliegerkorps zu den Divisionen und Verständigungsschwierigkeiten zwischen den Stäben.

Wenn diese Fehler sich ausweiteten, war zu befürchten, dass die deutsche Luftabwehr bei einem gleichzeitigen Angriff gegen München und Berlin zusammenbrechen musste.

Generalfeldmarschall Milch sah auch die Schuldigen und führte zu dieser Schlussfrage aus:

„Ich greife niemanden persönlich an, auch keine Dienststellen, sondern sage nur, das System ist nicht in Ordnung! Wer Schuld daran hat, ist mir gleich, aber ich kämpfe gegen dieses System. Es ist falsch!"

Nach dem Tagesangriff des 14. Oktober 1943 auf Schweinfurt waren, trotz des Abschusses von 60 Angreifern, die Erfolge der Jäger nach Ansicht Görings zu gering. Vor allem war der Verlust von 50 deutschen Jägern zu hoch. Dies gab den Ausschlag.

Göring gab die „Lurigkeit" der Jägerpiloten und das „Versagen der Luftwaffe“ als Grund an und erkannte ebenso wie Milch die „Schwerfälligkeit des XII. Fliegerkorps und seiner Divisionen.“

Das XII. Fliegerkorps wurde in I. Jagdkorps umbenannt und sein Befehlsbereich auf drei Jagddivisionen eingeschränkt.

Die Kommandostruktur lautete nunmehr:

I. Jagdkorps:	Generalleutnant Schmid
1. Jägerdivision:	Oberst Lützow
2. Jägerdivision:	Oberst Grabmann

Dies waren allesamt neue Kommodores, denn die alten waren ihrer Posten enthoben worden. Auch der General der Nachtjagd, Generalmajor Kammhuber, musste gehen. Weitere Neuaufstellungen (aus alten bestehenden Geschwadern) waren:

4. Jägerdivision (aus der 3. Jägerdivision umgebildet)
7. Jägerdivision, Generalmajor Huth (aus der 5. Jägerdivision)
8. Jägerdivision, Oberst Handrick

Die Waffen der Nachtjagd

Neben der Messerschmitt Bf 110 G, die Schnaufer in allen seinen Einsätzen flog, wurden bei den verschiedenen Nachtjagdgeschwadern noch die Ju 88 C-6, die Do 217 N und die He 219 im Nachteinsatz geflogen.

Leider waren die Leistungen der deutschen Flugzeugindustrie nicht derart, dass die Sollzahlen auch nur erreicht wurden. Hier die tabellarische Übersicht, die aufzeigt, mit welchen Widrigkeiten alle Nachtjagdverbände zu kämpfen hatten.

	Bf 110 G		Ju 88 C-6		Do 217 N		He 219	
	Soll	Ist	Soll	Ist	Soll	Ist	Soll	Ist
Juli 1943	100	47	---	43	---	28	6	1
August	100	28	---	73	---	20	7	---
September	(keine Daten vorhanden)							
Oktober	115	124	---	87	---	---	9	7
Dezember	140	88	---	76	---	---	10	---
Januar 44	145	85	---	89	---	---	11	11
Februar	150	4	---	89	---	---	12	5

Dies zeigt, dass der Ausstoß um ein Vielfaches hinter dem Soll zurückblieb.

Die Produktionszahlen stiegen von April bis Juni 1944 bemerkenswert steil an, nachdem der Reichsminister für Bewaffnung und Munition, Albert Speer, im Februar 1944 den „Jägerstab" ins Leben gerufen hatte, der alle Reserven mobilisierte.

Nun konnten die Nachtjagdverbände aufatmen. Sie hatten sich bereits damit abgefunden, dass sie an „Auszehrung" eingehen mussten. Während in dieser Phase der Bau der Ju 88 C/G forciert wurde, nahm man die Fertigung der Messerschmitt Bf 110 G-4 etwas zurück, weil erstere Maschine leistungsfähiger war.

Hier die Datenzahlen für die gängigen Muster der Jäger- und Nachtjägerwaffe:

	Ju 88 C/G	Bf 110 G-4	Bf 109	FW 190
März 1944:	77	67	660	320
April 1944:	163	190	719	346
Mai 1944:	229	179	1.017	431
Juni 1944:	285	116	1.206	607

Um diese Produktionszahlen erreichen zu können, musste die Fertigung anderer Flugzeuge, vor allem jene materialfressenden Typen wie die Me 323, die Flugboote, sogar die He 111 (die ebenso dringend benötigt wurden), eingeschränkt werden.

Neben der Tabelle mit den technischen Daten der als Nachtjäger eingesetzten Flugzeuge seien hier die Daten der Messerschmitt Bf 110 G-4, die auch Schnaufer flog, eingeblendet.

Die Maschine war seit April im Einsatz. Ihre Standardbewaffnung waren vier MG 17 im oberen und zwei MG 151/20 im unteren Rumpfbug als Angriffsbewaffnung. Die Abwehrbewaffnung bestand aus dem Zwillings MG 81 Z.

Es waren bei der Bewaffnung noch eine Reihe Variationsmöglichkeiten geplant und eingerichtet worden. So Waffen, die in einer Wanne unter dem Rumpf des Flugeuges befestigt werden konnten und mit MG 151 oder MK 108 bestückt sein sollten. Vor allem aber erhielt die Schrägbewaffnung ihre besondere Bedeutung auch für Schnaufers Maschine. Sie bestand in MG FF/M oder – wenn auch seltener – in den Maschinenkanonen MK 108.

Dass es neben der oftmals dargestellten Angriffsweise mit der „schrägen Musik" auch andere Formen eines erfolgversprechenden Angriffs gab, sei hier angemerkt. In diese Gruppe fällt insbesondere der Angriff von unten im Hochziehen mit den Geradeauswaffen. Diese Art war eine Spezialität von Hauptmann Ludwig Becker. Sie kam allen jenen Nachtjägern zu Gute, die Schwierigkeiten damit hatten, ihre Fluggeschwindigkeit an die bedeutend langsamere der feindlichen Bomberverbände anzupassen und oftmals den rechtzeitigen Fahrtangleich verpassten.

Heinz-Wolfgang Schnaufer

Heinz-Wolfgang Schnaufer wurde am 16. Februar 1922 in Calw, Württemberg geboren.

Nach bestandenem Abitur trat Heinz-Wolfgang Schnaufer im November 1939 als Offiziersanwärter in die Luftwaffe ein und gelangte nach der fliegerischen Grundausbildung und einigen Spezial-Lehrgängen (Blindflug, Zerstörerlehrgang, Nachtjagd) im November 1941 zur Nachtjägerei. Seinen ersten Einsatz hatte er als Begleitschutz der Schlachtschiffe Scharnhorst, Gneisenau und Prinz Eugen auf ihrem Weg von Brest nach Norwegen im Februar 1942 geflogen.

Seinen ersten Nachtjagdabschuss, einen Halifax-Bomber, erzielte er am 2. Juni 1942 über Belgien bei der II./Nachtjagdgeschwader 1. Beim Angriff auf einen 2. Bomber in dieser Nacht wurde seine Maschine von den Heckwaffen eines Bombers getroffen, er wurde dabei am linken Bein verletzt, brachte jedoch seine Maschine heil herunter und kam ins Lazarett. Ende Juni kehrte er zu seiner Einheit zurück. Das war das einzige Mal, dass er oder jemand von seiner Besatzung im Gefecht mit feindlichen Flugzeugen während des ganzen Krieges verletzt wurde. Im August 1942 gelangen ihm 5 Abschüsse, im Dezember 1942 ein Abschuss. Nach langer Pause konnte Schnaufer am 14. Mai 1943 2 Abschüsse erzielen, denen am 30. Mai 1943 drei weitere folgten. Im Juli 1943 wurde er zum Oberleutnant befördert und übernahm am 13. August 1943 in diesem Geschwader die 12. Staffel als Staffelkapitän, die in Leeuwarden in Holland stationiert war.

Bis zu dieser Zeit hatte er insgesamt 21 Feindflugzeuge in Nachtangriffen nach den verschiedensten Systemen abgeschossen. (Siehe Vorausabschnitt über die deutsche Nachtjagd). In der Nacht vom 8. auf den 9. Oktober 1943 erzielte er zwei weitere Abschüsse, die sein Abschusskonto auf 30 erhöhten.

Trotz sehr schlechten Wetters startete er am 16. Dezember 1943 gegen einen dichten Schwarm Feindflugzeuge, der im Flug über ganz

Deutschland, Berlin zum Ziel genommen hatte. Es gelang ihm hierbei 4 Lancaster-Bomber abzuschießen. Bei nur 35 m Wolkenhöhe, war es für Nachtjäger beinahe unmöglich zu starten oder zu landen. Dennoch wagten es einige. Von den 450 britischen Flugzeugen, die insgesamt 1.815 Tonnen Bomben auf Berlin warfen, wurden 25 abgeschossen und weitere 29 derart schwer getroffen, dass sie bei Bruchlandungen auf ihren Heimathorsten zerstört wurden.

Der 29. Dezember 1943 brachte zwei weitere Abschüsse, die sein Abschusskonto auf 42 Luftsiege bei Nacht erhöhten. Am 31. Dezember 1943 wurde ihm als Oberleutnant das Ritterkreuz für diese 42 Abschüsse verliehen.

Seinen 50. Abschuss erzielte Schnaufer am 25. März 1944. Zwei Monate darauf, am 25. Mai 1944 gelang es ihm binnen 14 Minuten weitere fünf Viermot-Bomber abzuschießen, die seinen Erfolg auf 74 Nachtjagdsiege erhöhten. Vom 20. Januar 1944 bis zum 25. Mai 1944 erzielte Schnaufer insgesamt 32 Nachtjagdsiege. Am 1. Mai 1944 war er zum Hauptmann befördert worden. Am 22. Juni 1944 erzielte er seinen 84. Abschuss und erhielt als 507. Soldat das Eichenlaub zum Ritterkreuz, das ihm als Hauptmann am 24. Juni 1944 verliehen wurde. Am 30. Juli 1944, nur wenig mehr als 1 Monat später erhielt er nach 89 Abschüssen die 84. Schwerter zum Ritterkreuz mit Eichenlaub.

Als das Jahr 1944 zu Ende ging hatte sich Schnaufer mit insgesamt 106 Nachtjagdabschüssen an die Spitze der deutschen Nachtjäger gesetzt und stand damit auch vor dem gefallenen Oberst Helmut Lent, seinem Freund, der bereits als Pilot einer Zerstörermaschine im September 1939 mit den Siegen in Luftkämpfen begonnen hatte, und 102 Nachtjagd- sowie 8 Tagjagdabschüsse erzielt hatte.

Seit dem 10. November 1944 führte Schnaufer das Nachtjagdgeschwader 4. Damit hatte er es binnen fünf Jahren vom Flieger zum Geschwaderkommodore gebracht.

Am 21. Februar 1945 schoss er in den ersten zwei Stunden nach Mitternacht aus den Pulks der vom Bombenwurf auf Nürnberg zurückkehrenden Bomber; zwei Lancaster heraus. Am Abend startete er ein weiteres Mal. Diesmal ging es gegen 373 Bomber, die Duisburg und 349 weitere, die Worms angriffen.

In dem sagenhaften Duell dieses „Ritters der Nacht!“ schoss Heinz-Wolfgang Schnaufer sieben Gegner ab. Dieser Luftkampf dauerte insgesamt nur 19 Minuten was in Bezug auf die Nachtjagd und das schwierige Navigieren bei Nacht einen absoluten Rekord darstellte. Als der Krieg zu Ende ging, wurde Schnaufers Maschine, die den britischen Truppen als Beute zugefallen war, im Londoner Hydepark ausgestellt. Im Britischen Museum ist heute noch das Seitenleitwerk dieser Maschine zu sehen, auf dem alle Abschüsse Schnaufers verzeichnet sind.

Dass neben ihm selber, als Piloten, auch und vor allem seine Besatzung an diesen einmaligen Erfolgen beteiligt war, betonte Schnaufer immer wieder. „Es waren doch meine Gefährten. Ich war stets von ihnen abhängig. Von Rumpelhardt der uns an den Gegner heranführte und von Wilhelm Gänsler, der uns den Gegner vom Leibe hielt und die MG-Bedienungen der Bomber ausschaltete. In der unbedingten Notwendigkeit, sich aufeinander verlassen zu können, gibt es nichts, was mit einer Nachtjägerbesatzung vergleichbar wäre.“

Dass er selber Herz und Gehirn dieser kleinsten verschworenen Kampfgemeinschaft war, wussten alle. Sein Angriffsgeist war unerhört. Seine Eingebungen und sein Gespür für besondere Situationen derart geschärft, dass er dieses zweimotorige Flugzeug - die Messerschmitt Bf 110 G 4 zu einem tödlichen Instrument der Nacht machte.

Der junge Flieger Schnaufer

Bereits als Siebzehnjähriger hatte der hochbegabte Heinz-Wolfgang Schnaufer sein Abitur gemacht. Seit dem 14. Lebensjahr stand sein Wunsch fest, Soldat zu werden. Die Aufnahmeprüfung als Offiziersanwärter bei der Luftwaffe bestand er mit Bravour.

Während seiner Ausbildung konnte er fast alle Flugzeugtypen fliegen. Seine Vorgesetzten erkannten, dass sie es bei Schnaufer mit einem

Naturtalent zu tun hatten und förderten ihn nach besten Kräften. Er wurde zunächst zum Jagdflieger ausgebildet und durchlief die Schulen im ersten Anlauf. Es folgte ein Lehrgang im Blindflug als Zerstörerflieger ebenso wie als Jäger und Sturzkampfflieger. Alles dies waren entscheidende wichtige Voraussetzungen für einen perfekten Nachtjäger. So beschloss denn auch die taktische Ausbildung für Nachtjäger seine umfassende Ausbildung.

Am 1. April 1941 erhielt Heinz-Wolfgang Schnaufer die Leutnants-Schulterstücke. Er wurde schließlich zum immer noch neuen Nachtjagdgeschwader 1 versetzt und flog dort als Flugzeugführer in der II. Gruppe. Als er am späten Abend des 2. Juni 1942 mit einigen anderen einen britischen Bomberverband angriff, der mit 726 von insgesamt 957 gestarteten britischen Bombern gegen Duisburg und Oberhausen flog, wurde ihm gleich nach dem Start klar, dass dies seine Feuertaufe werden würde.

Die Leitzentralen meldeten dichte Feindpulks, deren Größe man deutscherseits nicht erwartet hatte. (Die britische Luftwaffenführung versuchte mit diesem Angriff, zum ersten Male in der Geschichte des Bombenkrieges, eine 1.000-Bomber-Flotte an den Feind zu bringen! Dazu waren alle Schulverbände ausgekämmt und von diesen der 5. Bomber-Group, 347 Schulbomber zur Verfügung gestellt worden.

Heinz-Wolfgang Schnaufer wurde an den ersten Bomber seines Lebens herangeführt. Sein Bordfunker Fritz Rumpelhardt, der dem jungen Leutnant als bereits erfahrener Nachtjäger beigegeben worden war, führte ihn heran. Sie sahen die glühenden Auspufftöpfe der Maschine näher und näher kommen. Dann peitschte aus der Heckkanzel des Gegners ein mehrfacher Feuerstrahl heraus. Instinktiv drückte Schnaufer die Maschine herunter, unterflog die Todesgarbe und stieß dann von unten in einem Winkel von etwa 25 Grad hoch. Als die Feindmaschine in sein Reflexvisier eintauchte und es schließlich ganz ausfüllte, drückte Schnaufer die Feuerknöpfe. Die Bordkanone und die beiden MG schossen einen, zwei Feuerstöße. Eine Flamme stob aus einem der Motoren der Halifax hinaus, dann krachte es in dieser Maschine. Der nächste

Feuerstoß sägte ihr die rechte Fläche dicht am Rumpf ab und beinahe senkrecht stürzte sie der Erde entgegen, einen langen Feuerschweif hinter sich herziehend. Im Aufschlagbrand zerschellte sie.

Beim Angriff auf einen 2. Bomber in dieser Nacht wurde Schnaufers Maschine von den Heckwaffen eines Bombers getroffen, er wurde dabei am linken Bein verletzt, brachte jedoch die Maschine heil herunter und wurde ins Lazarett eingeliefert. Ende Juni kehrte er zu seiner Einheit zurück. Das war das einzige Mal, das er oder jemand von seiner Besatzung im Gefecht mit feindlichen Flugzeugen während des ganzen Krieges verletzt wurde.

„Gut für den ersten Abschuss, Herr Leutnant", tröstete Rumpelhardt den verwundeten Kameraden.

Von den 726 britischen Flugzeugen, die in dieser Nacht ihre beiden Ziele erreicht hatten, wurden 32 abgeschossen. Die übrigen warfen 1.235 Tonnen Bomben auf Duisburg und Oberhausen.

Der Kommandeur der II./Nachtjagdgeschwader 1, Major Walter Ehle, beglückwünschte den Leutnant zu seinem ersten Nachtjagdsieg, nachdem er Ende Juni aus dem Lazarett zurückgekehrt war.

„Bleiben Sie immer besonnen, Schnaufer, dann werden weitere Siege folgen", sagte Ehle abschließend.

Heinz-Wolfgang Schnaufer startete nach seiner Genesung in den nächsten Monaten zu einer Reihe von Einsätzen gegen die britische Bomberflotte. Er erzielte in rascher Abfolge fünf weitere Abschüsse und erhielt das EK I. worüber er sich sehr freute.

Sehr bald lernte Schnaufer erkennen, dass das Problem, den Gegner trotz der vielen funktechnischen Hilfen zu finden, eine nervenaufreibende Sache war. Dazu kamen die britischen Bordschützen, die ihren jeweiligen Bomber mit Klauen und Zähnen verteidigten und erst aufgaben, wenn sie ausgeschaltet waren.

Die Waffenstände in den Bombern waren mit gekoppelten MG bestückt und die Heckschützen in ihren Badewannen hatten alle Chancen, einen anfliegenden Gegner noch eher auszumachen, als diese es vermochten. Es waren die Bordschützen der britischen Bomber, die oftmals ein Desaster für ihren Verband verhinderten. Sie waren es auch, die den Großteil der Abschusserfolge gegen deutsche Nachtjäger erzielten, nicht etwa die mitfliegenden Begleitjäger.

Dass die eigene Flak immer wieder auch auf deutsche Flugzeuge schoss, lag in der Natur der Sache: Dass nämlich die Nachtjäger in und mit den Bomberpulks fliegen mussten, wenn sie Erfolge erzielen wollten.

Schnaufer erzielte in den nächsten Monaten mehrere Doppelerfolge und erhielt am 16. August 1943 das Deutsche Kreuz in Gold verliehen.

Nachdem Schnaufer im Juli 1943 zum Oberleutnant befördert worden war, wurde ihm am 13. August 1943 die Staffelführung der 12./Nachtjagdgeschwader 1 übergeben.

Mit seiner Me 110 war Schnaufer mit seiner Besatzung, Bordfunker Fritz Rumpelhardt und Bordschütze Wilhelm Gänsler, bereits zu einem Begriff geworden. Er flog bei jedem Wetter. Weder Nebel noch Regen konnten ihn davon abhalten, sich den einfliegenden Bomberströmen entgegen zu werfen, die deutsche Städte angriffen und bei ihren Bombenwürfen große Opfer unter der Zivilbevölkerung – vor allem Frauen, Kinder und Greise – verursachten. Seine Besatzung vertraute ihm blind. Er konnte sie überall hinführen. Schnaufer selber sagte von seinen Gefährten: „Ohne sie wäre ich nichts gewesen. Nur das Team schaffte die Siege.“

Rumpelhardt, das sei vorausgeschickt, war als Schnaufers Bordfunker an 100 Abschüssen seines Piloten beteiligt. Sein Bordschütze Wilhelm Gänsler hatte bei 98 siegreichen Aktionen mitgewirkt.

Fritz Rumpelhardt wurde am 27. Juli 1944 als Leutnant mit dem Ritterkreuz ausgezeichnet. Seit dem Jahre 1942 war er Schnaufers Bordfunker im Nachtjagdgeschwader 1 und der vierterfolgreichste Bordfunker der gesamten deutschen Nachtjagd. Insgesamt hatte er 130 Feindflüge.

Bordschütze Oberfeldwebel Wilhelm Gänsler war der erfolgreichste Bordschütze der deutschen Nachtjagd. Er war wegen seines enormen Sehvermögens bei allen Geschwadern berühmt. Im Nachtjagdgeschwader 1 und Nachtjagdgeschwader 4 flog er, zuerst bei Hauptmann Ludwig Becker, einem der Pioniere der Nachtjagd, ehe er im Winter 1942 zu Schnaufer kam.

Hauptmann Ludwig Becker war seinerzeit Staffelkapitän der 12./Nachtjagdgeschwader 1. Seit 26. Februar 1943 gilt Ludwig Becker, der an diesem Tag einen Tageinsatz gegen amerikanische Bomber über der Nordsee flog zusammen mit seinem Bordfunker, Oberfeldwebel Straub, der an 40 Abschüssen beteiligt war, als vermisst. An seinem Todestag erhielt Becker noch als 198. deutscher Soldat das Eichenlaub zum Ritterkreuz.

Oberfeldwebel Wilhelm Gänsler erhielt nach seiner Beteiligung an 80 Nachtjagdabschüssen mit Becker und vor allem Schnaufer am 27. Juli 1944 das Ritterkreuz.

Nachtjagd-Einsätze

Es war der 16. Dezember 1943, der für ihn und seine Besatzung zu einem ganz besonderen Tag wurde. 450 britische Bomber hatten sich auf den Weg nach Berlin gemacht, um die Reichshauptstadt mürbe zu bomben. Das war inzwischen das erklärte Ziel des Gegners.

Als die Freyageräte den anfliegenden Gegner noch über See meldeten, standen alle Besatzungen der Nachtjagd einsatzbereit. In der Funkbaracke seiner Staffel hockte Schnaufer. Er und seine Männer hatten wegen des dichten Nebels Startverbot erhalten. Dann kam die Meldung durch:

„Feindliche Bomber überfliegen die Nordsee!“

Schnaufer sprang auf und griff nach seinen Sachen. „Sie kommen“, rief er und seine Augen blitzten. Er rannte zur Tür und rief über die Schulter zurück: „Starten, starten!“

Er selber rannte mit den Männern der Besatzung zu seiner Maschine. Die beiden Warte standen bereit. Sie halfen beim Start und dann rollte

Schnaufer als erster los. Seine voll aufgetankte und aufmunitionierte Bf 110 jagte über das Rollfeld, mitten durch die wabernden Wolkenschleier hindurch. Dann hatte er abgehoben. Im Steigflug mit voller Pulle durchbrach er die Nebelbank. Dann wurde es auf einmal klarer und klarer.

„Seht euch das an, Jungens!", rief Schnaufer erleichtert. „Es ist so klar wie Kristall hier oben."

Es war Rumpelhardt, der mit seinen „Katzenaugen" den Gegner noch einige Sekunden vor Schnaufer entdeckte. Es war eine einzelne Maschine.

„Der Zeremonienmeister, Herr Oberleutnant", rief Rumpelhardt erregt.

„Zeremonienmeister" wurden jene einzelnen Maschinen genannt, die als Zielmarkierer den Bomberverbänden vorausflogen, um mit Leucht- und Brandbomben, sowie mit den als „Christbäumen" bezeichneten Leuchtzeichen die vorgeschriebenen Ziele markierten. Nach den Markierungen warfen dann die nachfolgenden Bomber ihre Bomben.

Sobald der „Zeremonienmeister" diese erste Aufgabe ausgeführt hatte, kreiste er über dem Ziel und leitete die Bombenwürfe der einzelnen Bomberpulks durch den Abwurf farbiger Zielmarkierungen.

Wenn es gelang, einen „Zeremonienmeister" abzuschießen, dann musste der Gegner quasi blind werfen, dann bestand die große Chance, die Stadt, die als Ziel auserkoren worden war, zu schützen.

„Wir nehmen den Pfadfinder", sagte Schnaufer.

Sie kamen rasch näher heran. Die Lancaster, die diesen Dienst versah, schien nichts davon zu merken, dass der Tod ihr im Nacken saß. Schnaufer wiederum wusste, dass die sicherste Schussfolge aus nächster Distanz abgefeuert werden musste. Dass dieses Herangehen an den Gegner bei Dunkelheit stets ein besonderes Wagnis war, stand außer Frage. Wenn die Bordschützen, vor allem der „Gunner" im Heckstand, den Gegner entdeckte, dann gab es Zunder, dann wurde dem Verfolger die Hölle heiß gemacht.

Aber Schnaufer war sich darüber im Klaren: Dieser Gegner musste heruntergeholt werden. Er zog näher heran. Die Silhouette des Bombers wurde größer und größer. Dann füllte sie das ganze Gesichtsfeld der Windschutzscheibe aus. Sie waren bis auf 50 Meter herangekommen und flogen schräg hinter und unter dem Gegner. Schnaufer drückte die Waffenknöpfe. Das Hämmern der Kanonen hallte in den Motorenlärm hinein. Der Bomber wurde von den einschlagenden Feuerstößen durchgeschüttelt, behielt aber eisern seinen Kurs bei. Sie sahen alle drei, wie die Einschläge in den Stahl der Lancaster prasselten und kleine Flammen emporstoben.

Noch ein Feuerstoß und nach einem gewaltigen Krachen zog der Gegner hart weg und die Lancaster verschwand nach rechts aus dem Gesichtsfeld seines Verfolgers.

Schnaufer zog den Knüppel und scherte nach links aus dem Kurs heraus, denn dieser war durch die Wrackteile der Lancaster zu eisenhaltig geworden. Mit grellen Flammenkaskaden detonierte die gesamte Leuchtmunition und alle Sichtzeichen des Pfadfinders. Drei, vier „Christbäume" schwebten am Himmel und sanken langsam herunter, den Platz des Absturzes des Pfadfinders markierend.

„Jetzt die nächsten!", meinte Schnaufer. Er drehte in einem langgezogenen Bogen herum und entdeckte eine weitere einzeln fliegende Maschine und dicht dahinter kleine Punkte eines dichten Bomberpulks.

Schnaufer drehte hinter der vorderen Lancaster ein. Er fand den richtigen Anflugwinkel und schob sich in 72-Grad-Position unter den Gegner, um die beiden 2 cm-Kanonen der „schrägen Musik" in Schussposition zu bringen, die am Rumpf, hinter dem Piloten, angebracht waren und im Winkel von 72 Grad schräg nach oben schossen. Dies hatte den Vorteil, dass einmal der Pilot nicht von den Abschussflammen geblendet wurde, und dass; zum anderen der gegnerische Heckschütze seinen Gegner nicht treffen konnte.

Als er auf die richtige Schussentfernung herangekommen war, drückte Schnaufer die Abfeuerknöpfe der beiden Kanonen. Die zwei Flammenschnüre schlugen in die Rumpfunterseite der Lancaster hinein. Der Bomber neigte sich zum steilen Flug nach unten und der Schütze in der Heckkanzel feuerte, was aus seinen Waffen hinausgehen wollte. Aus den Läufen seiner Waffen spritzte die Leuchtspur noch immer, als der Bomber bereits aus dem Sturzflug in den direkten Absturz überging.

Der zweite Abschuss in dieser Nacht war erfolgt. Nun kamen die ersten Pulks der Feindbomber heran. Schnaufer hängte sich hinter die nächste Lancaster. Langsam gewann er die für die Schussabgabe richtige Position. Abermals krachten seine beiden Kanonen. Die Geschosse fetzten in den langen Rumpf und in die rechte Fläche des Bombers hinein. Dieser flog weiter, offenbar ungeachtet der vielen Treffer. Er wechselte weder seinen Kurs, noch schor er aus dem Pulk aus und es zeigte sich auch noch nicht die geringste Spur von einem Brand.

Schnaufer ging noch näher heran. Er saß dem Gegner nun direkt im Nacken und löste die horizontalen Bordwaffen aus. Aus dem Heck des Gegners züngelte nach den Treffern eine kleine Flamme heraus. Noch flog er weiter, aber die Flamme vergrößerte sich rasch und instinktiv schor Schnaufer aus dem geflogenen Kurs heraus.

Sekunden darauf explodierte dieser Bomber in einer donnerartigen, mächtigen Explosion. Schnaufer flog immer noch an der Peripherie dieses gigantischen Feuerballes. Er spürte den Druck und die gewaltige Hitzewelle, die von der Explosion ausgelöst worden war.

Wie ein Stein sackte die Maschine nach unten weg. Schnaufer blieb dennoch ruhig. Es gelang ihm, die Maschine etwa 300 Meter tiefer wieder unter Kontrolle zu bekommen.

„Das war haarscharf, Herr Oberleutnant“, bemerkte Gänsler.

„Und damit soll es diese Nacht genug sein“, sekundierte Schnaufer. Er war erschöpft. Immerhin hatte er drei Einsätze gemeistert. Sie drehten seitlich weg, um auf Kurs zum Liegeplatz zu kommen.

„Lancaster in sechs Uhr!“, meldete Gänsler mitten in der Drehung.

„Dann noch einmal von vorn!“, gab sich Schnaufer optimistisch. Er spürte, wie ihm der Schweiß unter der Fliegerkombination den Rücken hinablief. Aber dieser Bomber durfte nicht entkommen. Er zog die Maschine herum und schoss auf diesen Gegner, der beinahe synchron zu dem beginnenden Feuer einen leichten Ausweichschlenker ausführte, sodass die beiden Feuerstöße vorbeigingen. „Verdammt, ein cleverer Bursche!", rief Schnaufer. In seinem Gehirn aber blitzte ein Warnsignal auf, das ihm sagte, nun besonders vorsichtig zu sein.

Das musste er auch, denn der Heckschütze ballerte gleichzeitig aus seinen vier MG und eine Vierfachschnur tödlicher Geschosse zog sich zu dem Nachtjäger hin, der von Schnaufer reaktionsschnell aus der Schussbahn gebracht wurde.

„Er macht den Korkenzieher, Herr Oberleutnant!"

Noch im Ansatz zu dieser Fluchtfigur hatte Gänsler die Absicht des gegnerischen Piloten erkannt und sie gemeldet. Die riesige Lancaster drehte aus dem Kurs heraus, drückte dann nach unten weg und stieg wieder empor. Das war für einen voll beladenen schweren Bomber eine durchaus kritische Flugfigur, dennoch musste der Pilot sie wagen, um dem Gegner entkommen zu können, der ihm im Nacken saß.

Schnaufer flog nicht alle Bewegungen mit, sondern hielt sich ungefähr auf der Mittellinie des Korkenziehers und wartete auf seine Chance. Er kam zügig heran, drückte vor den nächsten Salven des Heckschützen weg, zog etwas den Knüppel und flog plötzlich nur noch etwa 50 Meter hinter und schräg unter dem Gegner.

Als der Bomber die Spitzenhöhe des Korkenziehers erreichte, krachten die Abschüsse der beiden 2 cm-Kanonen. Diese Feuerstöße durchlöcherten den Benzintank des Gegners. Schnaufer sah die graue Fahne des ausströmenden Benzins und zog sofort seitlich weg. Der Bomber brannte Sekunden später und stürzte wie eine überdimensionale Fackel ab.

Dieser Nachteinsatz hatte nicht länger als eine Stunde gedauert. Aber es waren 40 Minuten, in der jede Sekunde zählte und über Tod und Leben entscheiden konnte. Das Ergebnis war eine besondere Leistung und Schnaufer war froh, als er die Maschine gelandet und zum Liegeplatz zurücklaviert hatte.

Als Reichsmarschall Göring im Herbst 1943 das Nachtjagdgeschwader 1 besuchte, war auch Heinz-Wolfgang Schnaufer zur Begrüßung angetreten. Er sah den „Dicken", wie er vom Kommodore, Oberstleutnant Streib, begrüßt wurde und war dabei, als er den Gruppenkommandeuren, allen voran seinem Kommandeur Hauptmann Jabs, die Hand drückte.

In Görings Gefolge waren Generalmajor Joseph Kammhuber und sein persönlicher Freund und Kampfgenosse aus dem Ersten Weltkrieg, Generaloberst Lörzer.

Schnaufer stand in der Formation der angetretenen Soldaten des Geschwaders rechts neben Hauptmann Jabs. Weiter nach rechts anschließend waren Oberleutnant Drewes und der Oberfeldwebel Vinke zu sehen, der am 19. September 1943 das Ritterkreuz erhalten hatte. (Vinke sollte am 25. April 1944 noch das 465. Eichenlaub erhalten, das ihm nach seinem Tode verliehen wurde! Er war am 25. Februar 1944 bei einem Seenoteinsatz über der Nordsee von einer britischen Spitfire abgeschossen worden. Vinke hatte insgesamt 29 Nachtjagdabschüsse. Davon erzielte er 17 in der Zeit vom 23. November 1943 bis zum 20. Februar 1944) Neben Vinke stand noch der Feldwebel Pfeiffer, ebenfalls ein hochdekorierter Nachtjäger, der das Deutsche Kreuz in Gold errungen hatte.

Noch stand Heinz-Wolfgang Schnaufer „nur" mit dem EK I. und dem Deutschen Kreuz in Gold ausgezeichnet vor dem „Dicken". Das wurde am 31. Dezember dieses Jahres anders, als ihm nach 42 Nachtjagdabschüssen das Ritterkreuz verliehen wurde, das er schon im Herbst hätte erhalten sollen.

Schnaufers Siegesserie, die sich bereits sehr rasch gesteigert hatte, setzte sich im neuen Jahr 1944 verstärkt fort. Im Januar 1944 ging er nach der Meldung der Freyageräte abermals an den Start. Dieser Flug sollte zum Beginn der großen Serie werden, die ihn binnen dreier Monate in aller Munde brachte.

Differenzen in der Führung der Nachtjagd

Zuvor jedoch eine Einblendung, die sich auf die Führung der Nachtjagd bezieht und ein bezeichnendes Licht auf die Oberste Führung wirft.

Darüber hinaus zeigt sie aber auch jene Schwierigkeiten auf, denen die Nachtjagd zu dieser Zeit ihrer größten Erfolge ausgesetzt war.

Generalmajor Josef Kammhuber hatte in der ersten Hälfte des Jahres 1943 das „Dach über Deutschland" in Gestalt der dunklen Nachtjagd und der Himmelbett-Stellungen von Jütland bis zum Mittelmeer ausgebaut.

In diesen Bereichen standen fünf Nachtjagdgeschwader mit insgesamt 400 Flugzeugen im Abwehrkampf gegen die dichter und dichter werdenden Bomberströme. Ein sechstes Nachtjagdgeschwader sollte aufgestellt werden.

Dass dies nicht genügte, um die alliierten Bomberflotten von Deutschland fernzuhalten, war einsichtig, denn der Gegner wurde ständig stärker. Aus diesem Grunde plädierte General der Nachtjagd Kammhuber für den forcierten Ausbau der Nachtjägerei von 6 auf 18 (!) Geschwader. Dies würde erlauben, anstelle des schmalen Riegels im Westen in ganz Deutschland Jägerleitstellen einzurichten und zu jeder Stunde und überall gleichzeitig gegen eindringende Feindflugzeuge starten zu können.

Anstelle der kostspieligen Radargeräte sollten „Rundsichtgeräte" und neue Funkführungsanlagen treten. Jeder Nachtjäger sollte ein Bordradar erhalten und damit besser und weiter als bisher sehen können und damit auch größere Erfolgschancen haben. Dies war ein Programm, das den Einsatz der Funkindustrie vervielfachen würde.

Der Vorschlag von Generalmajor Kammhuber sah folgende Verbände im Rahmen einer Jägerflotte, nach dem Muster des britischen Fighter Command, vor:

3 Jagdkorps zu jeweils 2 Jagddivisionen
3 Nachtgeschwader in jeder Jägerdivision und
4 Nachtjagdgruppen zu je 30 Maschinen in einem Nachtjagdgeschwader

Dies bedeutete die Aufstellung von insgesamt 18 Nachtjagdgeschwadern zu jeweils 120 Maschinen, was einen Gesamtbestand der Nachtjagdwaffe von 2.160 Flugzeugen bedeuten würde. Am 21. Mai erlangte General der Nachtjagd Kammhuber nach Vortrag vor dem Reichsmarschall die uneingeschränkte Zustimmung Görings.

Göring war zunächst mit diesem Programm einverstanden. Es wurde Hitler zur Entscheidung vorgelegt. General der Nachtjagd Kammhuber wurde zum 24. Mai 1943 ins Führerhauptquartier befohlen.

Als Hitler zu Beginn dieser Sitzung die Denkschrift Kammhubers zur Hand nahm, deutete er auf eine rot unterstrichene Stelle.

„General Kammhuber, Sie sagen, dass die US-Produktion in jedem Monat 5.000 Militärmaschinen herstellen würde. Wenn dies stimmen würde, dann hätten Sie recht! Dann müsste ich ab sofort die Ostfront zurücknehmen und alle Kräfte in die Luftverteidigung stecken. Aber diese Zahlen stimmen nicht. Ich verbitte mir solchen Unsinn!" (Siehe Bekker, Cajus: „Angriffshöhe 4000").

Dass diese Zahlen nicht auf Kammhubers Mist gewachsen waren, sondern aus der Zusammenstellung des Ic-Stabes des Oberkommandos der Wehrmacht stammten und absolut zuverlässig waren, wurde weder vom Chef des Oberkommandos der Wehrmacht, Feldmarschall Keitel, noch von Göring, richtig gestellt.

Hitler lehnte Kammhubers Vorschlag kategorisch ab. Er meinte, dass die Nachtjagd genügend Bomber herunterschösse und dass die abschreckende Wirkung bald eintreten würde.

Generalmajor Kammhuber wurde in Ungnade entlassen. Später nahm sich Göring noch den Schöpfer des Kammhuber-Riegels vor und beschuldigte diesen, ihn – den Reichsmarschall – durch „größenwahnsinnige Forderungen bloßgestellt" zu haben. Kein Wort mehr davon, dass Göring ursprünglich mit Kammhubers Vorschlägen einverstanden gewesen war. Göring verstieg sich sogar dazu, Kammhuber mit folgenden Worten anzublaffen:

„Wenn Sie die ganze Luftwaffe schlucken wollen, dann setzen Sie sich doch gleich auf meinen Stuhl!"

Bezeichnenderweise wurde das vom Oberkommando der Wehrmacht herausgegebene Merkblatt, aus dem Kammhuber seine Zahlen bezogen hatte, sofort eingestampft und durch ein neues Merkblatt mit niedrigeren Fertigungszahlen ersetzt. Kammhuber wurde als Kommandierender General des XII Fliegerkorps abgelöst und durch Generalmajor Josef „Beppo“ Schmid, bisheriger Ic des Luftwaffenführungsstabes, ersetzt.

Bis Mitte November 1943 blieb Kammhuber noch General der Nachtjagd, ehe er auch diese Stellung verlor. Der Mann, der die Nachtjagd aufgebaut hatte und sie zu einer wirklichen schlagkräftigen und siegreichen Waffe machen wollte, wurde nach Norwegen abgeschoben.

In dieser Phase der Stagnation gelang es dem Major Hajo Herrmann, Kommodore des Jagdgeschwaders 300 eine neue Variante der Nachtjagd zu entwickeln: „Die wilde Sau“.

Major Herrmann ging von der Tatsache aus, dass noch immer viel zu viele Bomber das System des Himmelbett-Verfahrens durchbrachen und deutsche Städte verwüsteten. Über dem Zielgebiet würden sie von vielen Scheinwerfern eingefangen und minutenlang in deren Strahlen gehalten. Das müsse die Angriffszeit für die Jägerwaffe werden. Dort musste man sie packen. Dazu bedurfte es keiner elektronischen Leitverfahren. Die optische Sicht würde genügen.

Die Ereignisse im Juli des Jahres 1943, an der Spitze die vernichtenden Angriffe auf Hamburg, ließen Göring in diese Richtung vorpreschen. Göring befahl Herrmann, am 25. Juli, dem Tage nach dem ersten feindlichen Großangriff auf Hamburg, zu sich und befahl die forcierte Herstellung der Einsatzbereitschaft des JG 300, deren Aufstellung in den Flugplätzen Bonn-Hangelar, Rheine und Oldenburg bereits weit vorangekommen war. Herrmann, nunmehr Oberstleutnant, sagte den sofortigen Einsatz der ersten kampfbereitem Staffel zu.

In der zweiten Angriffsnacht gegen Hamburg zum 28. Juli war denn auch Herrmann mit 12 Jägern seines Geschwaders zur Stelle und kämpfte über der Scheinwerferzone die erkannten bzw. gesichteten Bomber nieder.

Damit wurde Zug um Zug das Himmelbettverfahren durch die „wilde Sau-Nachtjagd“ abgelöst. In der Nachtluftschlacht über Berlin, mit seinem gewaltigen Scheinwerferring von 80 Kilometern Durchmesser, gelang es, den Großteil der in der Nacht zum 24. August 1943 einfliegenden Feindbomber zu sichten. In dieser Schlacht wurden 56 viermotorige Bomber abgeschossen. Eine Woche später – abermals über Berlin – wurden 47 britische Bomber abgeschossen. Bei den Angriffen des Bomber Command gegen Berlin am 24. August, 1. und 4. September wurden insgesamt 123 Viermot.-Flugzeuge abgeschossen.

Damit breitete sich beim Oberbefehlshaber der Luftwaffe in Berlin vorsichtiger Optimismus aus.

Oberstleutnant Hajo Herrmann erhielt noch im September 1943 den Befehl, sein Jagdgeschwader zu einer Fliegerdivision mit drei Geschwadern auszubauen. Es wurden folgende Verbände in diese Division integriert:

Die 30. Jagddivision	Oberst Hajo Herrmann
Das Jagdgeschwader 300	Oberstleutnant Kettner, Bonn-Hangelar
Das Jagdgeschwader 301	Major Helmut Weinreich, Neubiberg
Das Jagdgescbwader 302	Major Mössinger, Döberitz

Im düsteren regnerischen und nebeligen Herbst- und Winterwetter des Jahresendes 1943 starteten diese Geschwader immer wieder auch bei schlechtester Sicht.

Vom 18. November 1943 bis zum 24. März 1944 fanden insgesamt 16 Großangriffe auf Berlin statt. Berlin sollte nach den Worten des Chefs des Britischen Bomber-Commands, Luftmarschall Arthur Harris, „von einem Ende bis zum anderen zerstört werden. Dieses Unternehmen wird uns zwar 400 bis 500 Bomber, Deutschland aber den Verlust des Krieges kosten.“ (Siehe Sir Arthur Harris, Bomber Command).

Die Verluste der „wilden Sau“ wuchsen katastrophal und nach ihrem kometenhaften Aufstieg verschwand die einmotorige Nachtjagd im März 1944 wieder in der Versenkung. Am 16. März 1944 wurde die 30. Jagddivision aufgelöst.

Die zweimotorigen Nachtjäger hatten inzwischen mit dem Lichtenstein SN 2 Gerät neue Radaraugen erhalten, die von den britischen Stanniolstreifen nicht mehr gestört werden konnten. Dieses neue Gerät machte die Verfolgung in den Bomberströmen möglich. Wie sich diese gestaltete, sei im folgenden Abschnitt aus dem Einsatz von Heinz-Wolfgang Schnaufer dargelegt.

Ende 1943 und mit Beginn des neuen Jahres 1944 startete Heinz-Wolfgang Schnaufer mit seiner alten Besatzung zu den Verfolgungs-Nachtjagdeinsätzen. Er hatte in den folgenden Einsätzen stets besonderen Erfolg, was zum einen an seinem unbedingten Einsatzwillen, zum anderen aber auch an der Massierung der feindlichen Bomberkräfte Ende 1943 und im ersten Halbjahr 1944 lag.

Jagd in den Bomberströmen

Ein Bomberverband von 472 Maschinen hatte es geschafft, die deutschen Himmelbettstellungen zu umfliegen und ihre Tonnen von Bomben abzuwerfen. Als der Alarmbefehl kam, startete Oberleutnant Schnaufer am 29. Dezember 1943 mit seiner Staffel als erster. Sie flogen zunächst dem Feindverband ein Stück entgegen, um ihn so lange wie möglich noch westlich über dem Reichsgebiet angreifen und abschießen zu können.

Zu dritt saßen sie in ihrer Bf 110. Hinter Schnaufer als Pilot saß, mit dem Rücken zu diesem, Bordfunker Rumpelhardt. Feldwebel Gänsler hatte als Bordschütze die Aufgabe, den Luftraum – wie immer – nach rückwärts und rechts zu überwachen.

Während sich Schnaufer im Anflug auf das Funkfeuer seines Bereiches befand, meldete sich plötzlich Gänslers Stimme:

„Halten, halten! Quer über uns eine Viermot. Sie fliegt nach links aus unserem Bereich hinaus."

Schnaufers Kopf drehte sich in die angegebene Richtung. Er hatte den Feind noch nicht zurückerwartet, offenbar war dies einer der ersten Pulks der bereits geworfen hatte. Schnaufer drehte auf Westkurs und Rumpelhardt schaltete das neue Lichtensteingerät SN 2 ein. Die beiden runden Sichtrohre leuchteten auf. Das linke zeigte die Seitenrichtung, während das rechte die Höhe des angemessenen Zieles angab.

„Mehrere Zacken auf den Leuchtröhren, alle in verschiedenen Richtungen", meldete Rumpelhardt.

„Dann sind sie vorher bereits bekämpft und auseinandergesprengt worden", erwiderte Schnaufer knapp.

Rumpelhardt dirigierte nun seinen Flugzeugführer nach dem offenbar am nächsten stehenden Lichtzacken. Als sie auf Westkurs gedreht hatten, meldete er sich abermals.

„Wir müssen jetzt mitten im Bomberstrom fliegen, Herr Oberleutnant! Überall Lichtzacken!"

Schnaufer zog den Knüppel ein wenig, um genau hinter den anvisierten

Bomber zu kommen. „Wo ist er denn?", fragte er seinen Bordfunker. „Er muss genau vor uns sein, Herr Oberleutnant!", erwiderte Rumpelhardt.

Sekunden später entdeckte Schnaufer die vier grellroten Auspuff-Flammen, die schnell größer wurden und ihm zeigten, dass sie schon dicht herangekommen waren. Einige Sekunden darauf entdeckte Schnaufer den Schatten des Bombers vor dem helleren Hintergrund des Himmels.

„Entfernung 600 Meter!", las Rumpelhardt die Distanz ab.

Das SN 2 hatte sie also richtig herangeführt. Noch etwa 100 Meter weiter hätte es nichts mehr angezeigt, denn es konnte die Maschine nur bis auf 500 Meter an den Feind heranführen.

Langsam schob sich Schnaufers Bf 110 hinter den Gegner und steuerte einen etwas tieferen Punkt an, von dem aus er diesem Gegner mit der „schrägen Musik" beikommen konnte.

Die viermotorige Lancaster wurde größer und größer. Noch hatte dieser Gegner, der offenbar auf dem Rückflug in seiner Beobachtung hinter sich nachlässiger geworden war, nichts von ihnen gesehen.

Schnaufer passte sich nun in etwa der Geschwindigkeit dieses Gegners an. Er war zu tief gekommen und begann Meter um Meter zu steigen. Immer näher glitt die Bf 110 an den Gegner heran.

Gebannt blickte Schnaufer schräg nach oben, ebenso starrten seine beiden Kameraden auf diesen Riesen in dem sich etwa zehn Besatzungsmitglieder befanden, die auch in dieser Nacht wieder ihren Terrorangriff auf eine deutsche Stadt und deren Zivilbevölkerung geflogen hatten. Es sollte ihr letzter Angriff werden.

Nun waren sie bis auf 50 Meter herangekommen. Unter dem Rumpf des Gegners sah Schnaufer die kleine Glaskuppel des Luft-Bodenradars. Aber ansonsten war nichts zu erkennen, was auf die Verteidigungsbereitschaft dieses Bombers hingedeutet hätte. Vor allem war eines wichtig: Diese Lancaster hatte noch keine Bodenwanne und war demzufolge nach unten blind und wehrlos. Aber wehrlos, so schoss es Schnaufer durch den Kopf, waren die Frauen und Kinder in Braunschweig auch gewesen und nun lagen sie unter den Trümmern ihrer Häuser, oder waren von den Phosphorkanistern, mit denen die Briten seit neuestem hantierten, zu Asche verbrannt worden. Dies musste er sich immer wieder vor Augen halten, wenn er angriff: Dass dieser Bomber nie wieder über Deutschland seine tödliche Last abladen durfte.

Durch das Reflexvisier am Kabinendach sah Schnaufer die Umrisse des Bombers. Er zielte auf den linken Innenmotor der Lancaster. Sein Visier war auf die Erfordernisse der Schrägbewaffnung justiert, die hinter seiner Kabine eingebaut war. Sie feuerte in einem Winkel von 72 Grad nach oben; dadurch erübrigte sich, dass der Nachtjäger sich von hinten auf gleicher Höhe – und damit vom Heckstand einseh- und zerstörbar – seinem Gegner nähern musste.

Schnaufer flog nun schräg unter der Lancaster und war damit doch im Stande, ihm die tödlichen Salven zu verpassen.

„Jetzt, Herr Oberleutnant!" rief Rumpelhardt mit unterdrückter, vor Erregung vibrierender Stimme.

Da hatte Schnaufer auch schon die Kanonenknöpfe gedrückt. Die „schräge Musik" ratterte los. Kleine Trefferflammen, die in der Tragfläche aufblitzten, zeigten ihm, dass er gut gezielt hatte.

Er durfte nicht in den breiten und zum Feuer einladenden Rumpf der Maschine schießen, denn wenn sie explodierte, war auch der Nachtjäger verloren.

„Der ist hin", meinte Rumpelhardt, als er sah, dass die ganze Fläche der Lancaster in Sekunden nach den Treffern brannte.

Einer der Motoren – es war der anvisierte – begann zu kokeln und zog eine länger und länger werdende Flammenfahne hinter sich her. Fünf Minuten lang behielt die brennende Lancaster den geflogenen Kurs bei, dann war sie über alles in Flammen gehüllt und stürzte ab. Steiler und steiler werdend, dann die Fläche abreißend, stürzte sie der Erde entgegen und zerschellte in einem Aufschlagbrand mit einer Detonation, die Schnaufer zeigte, dass diese Maschine nicht geworfen hatte, sondern vorzeitig umgekehrt war und noch keinen Platz für den Notwurf gefunden hatte. Im Steigflug zog Heinz-Wolfgang Schnaufer die Maschine nach

Osten herum, dem Gros des zurückfliegenden Bomberpulks entgegen. Weit voraus sahen die Männer der Besatzung, dass eine Reihe weiterer brennender Fackeln das Wirken ihrer Kameraden anzeigten.

Sie schwenkten darauf ein, ließen einen Pulk von etwa 20 Bombern passieren, ehe sie drehten und sich dem nächsten Opfer näherten.

Sie waren inzwischen so nahe herangekommen, dass sie auf Sicht fliegen konnten.

„Das war vorhin der 41. Herr Oberleutnant!“, meldete Rumpelhardt. „Werden wir noch einen draufsetzen?“

„Auf alle Fälle, Rumpel!“, kürzte Schnaufer den Namen seines Bordfunkers ab.

Sie kamen heran, doch diesmal musste der Gegner sie gesehen haben, denn noch bevor sie ihren Kurs nach unten korrigierten, peitschte ihnen aus den vier gleichzeitig schießenden MG der Heckkanzel das Feuer des Bombers entgegen.

Es klackerte einige Male in der Zelle, doch sonst geschah nichts, denn sie hatten rasch die Einwirkungsmöglichkeit dieser Waffen unterflogen.

Von unten hochziehend setzte sich Schnaufer in die günstigste Schussposition unter die nächste Lancaster, ehe er die Abfeuerknöpfe drückte.

Zwei Feuerstöße sägten die linke Fläche dieses Gegners ab, der sich im Steilflug den Feindwaffen zu entziehen versuchte und von Schnaufers Maschine verfolgt wurde. Der nächste Feuerstoß ließ einen der Motoren explodieren und dann zerbarst der Rumpf in viele Einzelteile.

Schnaufer drehte ab und flog zum Einsatzhorst zurück. Als er gelandet war, wurde er zum 41. und 42. Luftsieg beglückwünscht.

„Das ist für Sie endlich das Ritterkreuz, Schnaufer“, sagte der Kommodore, Major Werner Streib, der bereits seit dem 26. Februar 1943 das Eichenlaub trug, nach der Gratulation.

So war es denn auch! Am 31. Dezember 1943 erhielt Oberleutnant Heinz-Wolfgang Schnaufer nach den Abschüssen 41 und 42 das Ritterkreuz. Die Auszeichnung wurde ihm von Generalmajor Schmid angelegt.

Am 1. März 1944 wurde Schnaufer zum Kommandeur der IV./Nachtjagdgeschwader 1 ernannt. Er löste dort Major Jabs ab, der Kommodore des Nachtjagdgeschwaders 1 wurde und diesen Verband bis Kriegsende führte. Nun hatte Schnaufer für eine ganze Gruppe die Verantwortung zu tragen.

Schnaufers Siegesserie

Was nun folgte, war eine einzige Kette großer Erfolge gegen die feindliche Bomberflut. Schnaufer schoss bei seinem Einsatz am 25. März in der ersten Stunde des Tages drei Viermot-Bomber ab. Damit hatte er bis zum 25. März 1944 seinen 51. Nachtjagdabschuss erzielt.

Als er dann nach längerer Pause wegen des zu schlechten Wetters erneut startete, fielen am 11. April zwei Feindbomber vom Himmel herunter. Es waren 2 Lancaster-Bomber.

Der nächste Start sah die Besatzung Schnaufer am 25. April 1944 abermals mitten im Bomberstrom. Diesmal wurde es sehr schwer für ihn, den ersten Bomber aus einem Pulk einfliegender Gegner herauszuschießen. Er erhielt wieder einige Treffer, kam aber dennoch glimpflich davon, denn alle Instrumente zeigten Normallage an und auch sonst war nichts zu entdecken, was sie diesen Angriff hätte abbrechen lassen können.

„Wir bleiben dran!", antwortete Schnaufer auf die stummen Fragen seiner beiden Kameraden. Das war auch in ihrem Sinne.

Diese Luftschlacht in der Nacht vom 24. zum 25. April, gegen die auf München operierende RAF, sollte so etwas wie die erste Krönung für Schnaufer werden.

Über 500 britische Bomber hatten es geschafft, das Ziel zu erreichen. Sie warfen Spreng- und Brandbomben, um die auseinander geplatzten Häuser auch säuberlich einäschern zu können. Schnaufers Besatzung war seit langem bereits zu einer todbringenden Gemeinschaft zusammengewachsen. Ihre Zusammenarbeit erwuchs aus den Erkenntnissen und Notwendigkeiten eines erfolgreichen Nachtjagdangriffs. Die vielen vorangegangenen Einsätze hatten in ihnen das Gespür für jede Art von Gefahr entwickelt. Diese Soldaten waren ebenso wie fast alle anderen Nachtjagdbesatzungen zu einer Gemeinschaft miteinander verschmolzen, wie sie nur diese drei Männer in ihren leichten zweimotorigen Maschinen entwickeln konnten. Schnaufer handelte ganz nach seinem Können und seiner besonders geschärften Intuition. Er flog mit seinen beiden Kameraden durch Dick und Dünn. Immer öfter wurde sein Name im Propagandaministerium genannt. Die Legenden um diesen jungen fliegerisch hoch begnadeten und kämpferisch fest entschlossenen jungen Offizier wuchsen und wuchsen. Und in den nach England ausgestrahlten Sendungen über die Nachtjagd und das Ende britischer Bomber kam der Name Schnaufer immer öfter vor und spätestens seit dem Frühjahr 1944 war er auch in England bekannt. Er wurde respektvoll das „Nachtgespenst von St. Trond“ genannt, weil er von St. Trond aus zu seinen erfolgreichsten Luftduellen gestartet war.

Dass Heinz-Wolfgang Schnaufer selbst gegen bestehende Befehle verstieß, wenn es darum ging ‚an den Gegner heranzukommen und ihn – möglichst noch vor dem Abwerfen seiner Bombenlasten auf deutsche Städte – zu vernichten , ist bekannt.

In die Erinnerung aller Menschen in Deutschland zurückgerufen sei die Tatsache, dass er durch die Vernichtung von 121 viermotorigen Bombern vielen Tausenden Familien Leid, dauerndes Krüppelsein und Tod erspart hatte.

Der zweite „Vierer“

Als Oberleutnant Schnaufer in der Nacht vom 24. April auf den 25. April über die Rollbahn flitzte und sich seine neue Bf 110 rasant in den Nachthimmel emporhob, galt es, jene bereits genannten Bomber zu vernichten, die München in Schutt und Asche legen wollten. Schnaufer gewann rasch an Höhe und wurde von den Bodeneinrichtungen in die Generallinie gelotst, bevor Rumpelhardt das SN 2 einschaltete. St. Trond, ihr Liegeplatz in den Niederlanden, lag bereits weit hinter ihnen, als Schnaufer voraus die grellen Blitze der bereits an den Feind herangekommenen Kameraden sah. Er schob das Gas bis zum Anschlag hinein und spürte die rasante Beschleunigung der Maschine, als sie den Anschluss an den zurückhängenden Pulk der britischen Bomber erreicht hatten. Sie kamen sehr rasch heran und flogen in das Abwehrfeuer dreier Maschinen hinein, die seitlich versetzt zu dem angesteuerten Pulk flogen. Fluchend drehte Schnaufer aus der Schussrichtung der Vierfach-Feuerstöße der Heckschützen hinaus, drehte einen Kreis und setzte sich mindestens 100 Meter unter den letzten Pulk.

Rumpelhardt wies ihn ein. Sie kamen höher und höher, dann war die entscheidende Sekunde gekommen. Die Kanonen der schrägen Musik spien Feuer. Der Bomber erhielt Treffer in die linke Fläche, die sich bis an die Kanzel hin bewegten und seinen rechten Innenmotor in Flammen setzten.

Eine Minute verging, noch eine, während sie hinter und unter ihrem Gegner herflogen, bis sie sahen, dass er aus dem Kurs herausschor und brennend tiefer und tiefer hinunterging. Dann brach eine Explosion aus seinem Innern hervor und zerstörte alles Leben in dieser todbringenden Zelle. Schnaufer kurvte wieder ein. Er pirschte sich langsam heran, erreichte die günstigste Position und schoss den zweiten Bomber ab, der sofort in die Tiefe stob und ebenfalls beim Aufschlag zerschellte.

Weit vor München hatten sie den Hauptpulk eingeholt. Nun begann, was sich Schnaufer unauslöschlich in die Netzhäute seiner Augen einbrennen sollte. Die deutsche Jagdwaffe war am Bomberpulk. Überall, wohin er auch blickte, sah er die funkensprühenden Einschläge und die einander überkreuzenden Flammenspuren der Kanonensalven. Einer der Nachtjäger wurde von einer Bomberbesatzung getroffen und stieß steil nach unten hinunter. Hatte er die Fallschirme wirklich gesehen, oder narrte ihn eine Halluzination?

„Sie sind rausgekommen Herr Hauptmann“, rief Rumpelhardt. „Gottseidank!“, ging es Schnaufer durch den Kopf. Er konzentrierte sich auf den vorausfliegenden Pulk, wurde aber immer wieder von den quer zu seiner Flugrichtung preschenden Jägern gestört, denen es auszuweichen galt. Er sah sie fallen: 10, 15 Feindbomber! Der Himmel war ein Schlachtfeld. Grelle Flammenzeichen schienen selbst die Christbäume der Pfadfinder auszulöschen.

Plötzlich wurde einer der Bomber rechterhand in knapp 400 Metern Distanz zu Schnaufer abgeschossen. Ein leichter Tritt ins Seitenruder und die Bf 110 glitt von dem Kameraden weg. Nach einer weiteren Kurskorrektur hatte Schnaufer seine Position unter dem nächsten Gegner eingenommen.

Die in die Lancaster einschlagenden Kanonensalven ließen diesen Gegner sofort ausscheren. Aber der ihn verfolgende Schnaufer sah, dass dies nur eine Finte war, denn einige hundert Meter weiter unten drehte der Pilot dieses Bombers seine Maschine wieder in die Generalrichtung ein.

„Du entkommst mir nicht, Bursche!“, rief Schnaufer wütend. Er kurvte nach, gewann mit geringem Fahrtüberschuss gegenüber diesem Gegner wieder die richtige Distanz und feuerte abermals.

Diesmal waren es zwei Feuerstöße aus den beiden Waffen und sofort montierte die rechte Fläche der Halifax ab. Sie schwang hart zur Seite aus und stürzte nach unten. Drei, vier, fünf Fallschirme waren am Himmel zu sehen und die Trümmer des Bombers stürzten der Erde entgegen in die Tiefe. Eines dieser brennenden Teile schien einen Fallschirm getroffen zu haben. Blitzartig stand ein grellroter Schirm über dem Mann und dann verschwand dieser, wie von einer unsichtbaren Hand gezogen, in die Tiefe.

Weit voraus sahen sie bereits die brennenden Stadtteile vor sich. Sie sahen wie rote Pilze emporschießende Detonationen und die sich rasendschnell ausbreitenden Phosphorbrände, mit denen die Menschen in dieser Stadt gebraten wurden. Er griff erneut an, schoss eine Lancaster lahm, die aus ihrem Verband ausscherend, im Notwurf auf freies Feld warf und dann mit einem „Korkenzieher“ zu verschwinden trachtete. „Wir verfolgen den nicht. Der fällt ohnehin später runter“, entschied

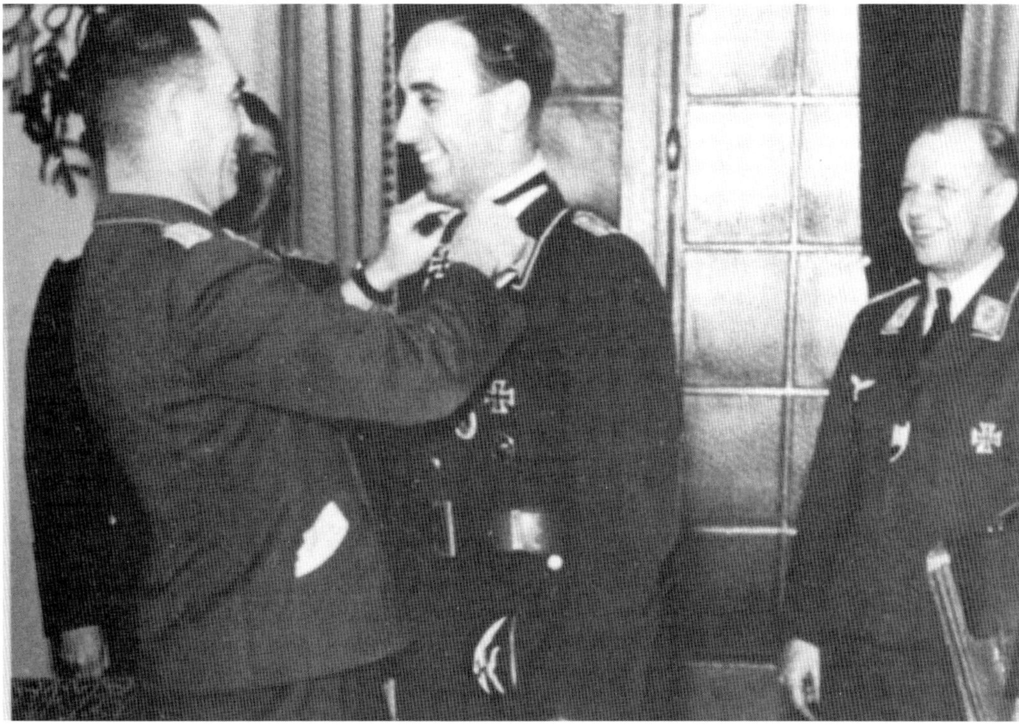

Oberleutnant Schnaufer erhält aus der Hand von Generalmajor Schmid am 3. Januar 1944 das Ritterkreuz überreicht, was ihm am 31. Dezember 1943 verliehen wurde.

Stuttgarter erhält das Ritterkreuz

dnb **Berlin**, 19. Januar

Der Führer verlieh das Ritterkreuz an Oberleutnant Schnaufer, Staffelführer in einem Nachtjagdgeschwader.

Oberleutnant Heinz Schnaufer, am 16. Februar 1922 als Sohn eines Kaufmanns in Stuttgart geboren, ist ein junger, kampffroher Flugzeugführer, der bestes fliegerisches Können mit vorzüglichem taktischem Verständnis und schneidigem Draufgängertum verbindet. In harten nächtlichen Luftkämpfen schoß er 40 feindliche Flugzeuge, darunter 35 viermotorige Bomber, ab. In einer Nacht errang er vier Luftsiege.

Ein Zeitungsartikel aus seiner Heimat-Zeitung verkündet stolz das Ritterkreuz an einen Stuttgarter.

WIE SIE DAS RITTERKREUZ ERWARBEN

Hauptmann WALDECKER

Oblautn. BRINCKMANN

Oberleutn. SCHNAUFER

Oberleutnant SEIFFERT

Leutnant KIENTSCH †

Oberfeldwebel QUAST

Hauptmann Waldecker, Staffelkapitän in einem Kampfgeschwader, ist eine ausgesprochen kämpferische Persönlichkeit. Als Beobachter wie als Flugzeug- und Verbandsführer im Kampf gegen England und im Mittelmeerraum hochbewährt, erzielte er im Einsatz gegen die englische Versorgungsschiffahrt große Erfolge. Durch glänzendes Führergeschick und beispielhafte Umsicht zeichnete er sich bei der Bekämpfung der anglo-amerikanischen Transportflotte vor Palermo besonders aus. — Oberleutnant Brinckmann, in einer Fernaufklärungsgruppe, hat auf annähernd 330 Feindflügen der Führung wichtige Aufklärungsergebnisse erflogen, die stets ein lückenloses Bild über Stärke und Absichten des Gegners vermittelten. — Oberleutnant Schnaufer, Staffelführer in einem Nachtjagdgeschwader, ist ein junger, kampffroher Flugzeugführer, der beides fliegerisches Können mit vorzüglichem taktischem Verständnis und schneidigem Draufgängertum verbindet. In harten nächtlichen Luftkämpfen schoß er 40 feindliche Flugzeuge, darunter 35 viermotorige Bomber, ab. — Oberleutnant Seiffert, Staffelführer in einem Kampfgeschwader, hat sich im Kampf gegen die Sowjetunion durch heldenmütigen Einsatz und hervorragende Tapferkeit bewährt. Wie er seine Staffel zu großen Leistungen mitriß, so erzielte er auch persönlich besondere Erfolge. Er vernichtete 37 Panzer, 132 LKW und 77 Eisenbahnwaggons, zerstörte ferner sieben Flakstellungen sowie 2 Eisenbahnbrücken. — Leutnant Muhr, Führer eines Flakpanzerzuges, zerschlug durch den Abschuß von 26 Panzern die Panzerspitze eines feindlichen Angriffskeils, wodurch das Halten der Stellung ermöglicht und ein tiefer Panzerdurchstoß verhindert werden konnte. Damit vollbrachte der Zug unter der kaltblütigen Führung des Leutnants eine kampfentscheidende Waffentat, die auch im OKW-Bericht entsprechend gewürdigt wurde. — Leutnant Kientsch, Staffelführer in einem Jagdgeschwader, brachte in harten Luftkämpfen 40 anglo-amerikanische Flugzeuge zum Absturz. Auch bei der Durchführung wichtiger Begleitschutzaufträge tat er sich durch Umsicht und kämpferischen Mut hervor. Der tapfere Offizier starb den Heldentod. — Oberfeldwebel Quast, Flugzeugführer in einem Jagdgeschwader, hat als schneidiger Jagdflieger jede ihm übertragene Aufgabe in vorbildlicher Weise gelöst. In zahlreichen, kühn durchgeführten Tiefangriffen hervorragend bewährt, schoß er in harten Luftkämpfen 84 feindliche Flugzeuge ab. Er kehrte von einem Feindflug nicht zurück

PK-Aufn. Kriegsberichter

Auch die bekannte Propaganda-Illustrierte „Der Adler" hat Schnaufer in der Rubrik über Ritterkreuzträger einen Kurzbericht mit Bild gewidmet.

Die Kommandeure des Nachtjagdgeschwaders 1 in fröhlicher Runde. Von Links: Weissflog, Schnaufer, Drewes, Sutor, Jabs, Dormann, Förster, von Bonin, Knickmeyer, im Vordergrund liegend Hermann Greiner.

*General Grabmann mit Schnaufer (Mitte) und Jabs (rechts).
Der förmliche Teil der Besichtigung ist vorbei.*

Heinz-Wolfgang Schnaufer bei einem Telefonat.
Major Rotter schnuppert derweil an seiner Zigarre.

Eine wichtige Meldung,
General Grabmann kündigt sich an.

General Grabmann, mit weißer Jacke, ist mit seiner
Siebel Verbindungsmaschine eingetroffen.
Neben ihm steht Heinz-Wolfgang Schnaufer.

Oberstleutnant Streib (Bildmitte) mit Schnaufer und anderen Kameraden an einer Kaffeetafel.

Heinz-Wolfgang Schnaufer vor dem nächsten Einsatz. Die Briten nannten ihn ehrfurchtsvoll das „Nachtgespenst von St. Trond".

Die Flugplatzflak hat eine „Thunderbolt" abgeschossen, die von Major Jabs (rechts) und Wolfgang Schnaufer (Mitte) besichtigt wird.

Hauptmann Drewes beglückwünscht Wolfgang Schnaufer zu dessen 100. Abschuss.

Oberleutnant Schnaufer mit Major Joachim Jabs.

Drei sehr erfolgreiche Nachtjäger am Kaffeetisch,
von links: Major Lent, Oberleutnant Schnaufer, Major Jabs.

Helmut Lent, Kommodore des Nachtjagdgeschwaders 3 im Gespräch mit Schnaufer, Kommandeur der IV./Nachtjagdgeschwader 1.

Schnaufer im Gespräch mit seinem Motorenwart über den Flammenvernichter an den Auspuffen seines rechten Motors.

Mit den Erfolgen der Nachtjäger stiegen auch die eigenen Verluste. Oberleutnant Schnaufer, Kapitän der 12./Nachtjagdgeschwader 1 spricht die letzten Worte am Grabe der Besatzung von Leutnant Rühle.

Gemeinsam mit Technikern schiebt Heinz-Wolfgang Schnaufer seine Me 110-G4 in die Halle. Vor der Kabine sind die zwei schräg nach oben schießenden MG 151 zu erkennen.

Schnaufer vor dem Leitwerk seiner Me 110 mit bereits 47 Abschussstrichen.
Von links: Leutnant Matzak, Leutnant Rolland, Oberleutnant Schnaufer, Oberleutnant Weissflog

Hauptmann Greiner hat es erwischt, trotz Kopfverband ist er dennoch gut gelaunt.
Von links: Schnaufer, Breves, Augenstein, Greiner.

Hauptmann Schnaufer und seine Besatzung,
Oberfeldwebel Gänsler (links) und Leutnant Rumpelhardt (rechts).

Schnaufers Bordfunker Leutnant Rumpelhardt werden die Gurte angelegt.

Bordfunker Rumpelhardt müht sich mit seinem Fallschirm ab, Wolfgang Schnaufer winkt noch einmal zum Abschied.

Eine Feier ist im Gange, von links:
Drewes, Förster, Jabs, von Bonin, Weissflog, Dobermann, Sutor.

Bordschütze Oberfeldwebel Gänsler mit Schnaufer beim Plausch mit Bordmechanikern.

Ob der „Dödel" (das Ritterkreuz) bei Wilhelm Gänsler richtig sitzt?

Die erfolgreichste Nachtjagdbesatzung der Welt.
Leutnant Rumpelhardt, Major Schnaufer und Oberfeldwebel Gänsler.

Die Besatzung Gänsler, Schnaufer, Rumpelhardt
bei einer Besprechung.

Ein Glücksschwein wird von seinen Kameraden zur Verleihung der Schwerter an Heinz-Wolfgang Schnaufer überreicht. Von links: Drewes, Leutnant Gräfe, Stabsarzt Dr. Schreiber, Schnaufer, Major Rotter (mit Verband).

Heinz-Wolfgang Schnaufer in St. Trond als Kommandeur der IV./Nachtjagdgeschwader 1.

Heinz-Wolfgang Schnaufer als Trauzeuge bei der Hochzeit seines Kameraden Hermann Greiner in Bad Wildungen.

Leutnant Rumpelhardt, Major Schnaufer, Oberfeldwebel Gänsler.

Leutnant Rumpelhardt, Major Schnaufer und Oberfeldwebel Gänsler blicken etwas melancholisch in die Zukunft. Trotz ihrer großen Abwehrerfolge sinkt eine Stadt nach der anderen in Schutt und Asche.

Im Führerhauptquartier verleiht Hitler die Schwerter persönlich. Von links: „Bubi" Hartmann, der erfolgreichste Tagjäger, neben ihm Heinz-Wolfgang Schnaufer, der erfolgreichste Nachtjäger sowie weitere Piloten

Schnaufer mit Rumpelhardt und Bordmechanikern auf dem Flugplatz Dortmund im Oktober 1944.

Der Einsatzbefehl ist da, schnell noch einen Blick auf die Karte.

Wandtafel der Abschüsse der IV. Gruppe Nachtjagdgeschwader 1.

Schnaufer und jagte dem nächsten Pulk entgegen. Zwei Sekunden darauf meldete Rumpelhardt:

„Rechts von uns, etwa 400 Meter höher, ein Bomberpulk auf Gegen-Kurs."

„Die haben schon geworfen!", fiel Gänsler ein.

„Dann ran an sie", entschied Schnaufer, denn voraus spielten sich immer noch heftige Luftkämpfe ab, wie er an den Leuchtspuren, den Kondensstreifen und den brennend in die Tiefe stürzenden Bombern erkannte.

„Wenn wir dort reinfliegen, werden wir möglicherweise von einem eigenen Kameraden abgeschossen."

Sie ließen den Bomberverband passieren, drehten nach und befanden sich tief unter ihm, um zügig zu steigen.

Als sie urplötzlich von rechts vorn Feuer erhielten, waren sie für eine halbe Sekunde wie gelähmt. Treffer klatschten in die Maschine hinein. „Wo kam das her?"

„Feindliche Nachzügler, Herr Oberleutnant."

Instinktiv hatte Schnaufer die Bf 110 herumgerissen und war diesem Feuer entkommen, ohne dass es sie wirklich schwer getroffen hatte.

„Alles in Ordnung?", fragte er. Beide Kameraden bestätigten dies, nach einem überprüfenden Blick auf ihre Bereiche.

Sie nahmen ihre alte Position wieder ein, erreichten den abfliegenden Feind und setzten sich in Schussposition. Mit den Treffern der schrägen Musik schien die Halifax zu erbeben. Schnaufer zog etwas, stieß dann sofort wieder hinunter und als der Gegner durch die Visierlinie der Horizontalwaffen glitt, drückte Schnaufer deren Feuerknöpfe.

Die Waffen ratterten los. Schnaufer sah die aufschlagenden Feuerspritzer der Treffer. Flammen züngelten aus dem Bomber hinaus und dann stieß er steil in die Tiefe hinunter. Die Bomberbesatzung sprang geschlossen ab.Die rote Warnleuchte der Benzinuhr sprang Schnaufer förmlich an. „Wir müssen zurück nach St. Trond", sagte er halblaut. „Es waren wieder vier, Herr Hauptmann", rief Rumpelhardt. „Davon drei, die München nicht mehr bomben konnten. Das zählt doppelt, Freunde!"

Sie kamen auf dem Rückweg noch einmal an einen kleinen feindlichen Pulk Bomber heran, der offenbar aus dem Hauptfeld abgesprengt worden war.

Schnaufer riskierte noch einen Angriff. Als dann aber die schräge Musik Ladehemmung hatte und er im horizontalen Angriff wieder Treffer erhielt, drehte er weg und nahm direkten Kurs auf den Liegeplatz St. Trond.

Er landete sicher. Sie hatten zum zweiten Mal jeweils vier Feindbomber abgeschossen.

Kommodore Hans-Joachim Jabs, dem Schnaufer abschließend meldete, drückte dem jungen Offizier, dem man die gewaltige Anspannung der letzten beiden Stunden ansah, dankbar die Hand.

„Gratulation, Schnaufer, das war eine hervorragende Leistung."

„Aber vielleicht war es noch zu wenig .Herr Major."

„Möglich Schnaufer. Doch Sie sollten zufrieden sein und sich über Ihren Erfolg freuen!"

Neben Schnaufer war Oberfeldwebel Grofe mit zwei Abschüssen am Erfolg der IV./Nachtjagdgeschwader 1 beteiligt. Oberleutnant Hermann Greiner, Kapitän der 11. Staffel dieser Gruppe brachte eine Halifax zum Absturz. Damit hatte die IV./Nachtjagdgeschwader 1 bei diesem Einsatz sieben Gegner abgeschossen.

Schnaufer ging in seine Gruppenbaracke. Er wurde hier von seinem Burschen mit einer brühheißen Tasse Kaffee empfangen. Dankend nickte Schnaufer ihm zu.

Er bot seinen beiden Kameraden Rumpelhardt und Gänsler Platz an und gemeinsam gingen sie noch einmal bei belebendem Kaffee alle Phasen des Angriffs durch, um nach Schwachstellen zu fahnden, die es auszumerzen galt. Erst dann verabschiedeten sie sich voneinander und legten sich schlafen.

Der alliierte Bomberverband, der München angegriffen hatte, verlor bei diesem Angriff 31 Bomber, die meisten durch Nachtjäger. 19 weitere Maschinen wurden teilweise so schwer beschädigt, dass 12 von ihnen bei den Landungen auf ihren Heimathorsten Bruchlandungen machten und ebenfalls als Totalverluste zu gelten hatten. Die anderen mussten zum Teil wochenlang in die Reparaturwerft und kehrten überwiegend nicht mehr zur Front zurück, weil sie selbst nach der Reparatur nur noch bedingt einsatzfähig waren. Sie wurden bei den Schulverbänden eingesetzt.

In England mehrten sich bereits die Stimmen, die vor einer Fortsetzung dieses mörderischen Kampfes warnten, der Großbritannien unter Umständen an den Rand des Unterganges bringen konnte. Aber der Befehl des britischen Kriegspremier, Winston Churchill, lautete:

„Weiterbomben, weiterbomben!"

Churchill hatte dem britischen Imperium Schweiß, Blut und Tränen versprochen, und das hielt er auch.

Die britische Bilanz

Inzwischen lag der britischen Führung auch die Bilanz der Schlacht um Berlin auf dem Tisch. Vom 18. November 1943 bis zum 31. März 1944 waren insgesamt 9.111 Bomber über Berlin gewesen. Sie hatten der Stadt mit 16.000 Tonnen Brand- und Sprengbomben die schwersten Schläge des gesamten Krieges versetzt. Allein bei den fünf Angriffen vom 18. November - 3. Dezember waren 2.700 Tote zu beklagen.

Über Berlin wurden 367 Lancaster-Bomber und 111 Halifax-Bomber abgeschossen. Schwer beschädigt wurden 745 Lancaster-Bomber (davon 69 Totalausfall bei der Landung in England), und 199 Halifaxbomber (davon fielen wiederum 25 bei der Landung durch 100-prozentigen Bruch aus).

Die deutsche Nachtjagd verlor in diesem fürchterlichen Ringen am Himmel über der Reichshauptstadt 90 Maschinen.

In der deutschen Reichshauptstadt waren nach diesen Bombardements 9,5 Quadratkilometer Fläche total zerstört. Zehntausende von Wohnhäusern lagen in Trümmern und unter ihnen ebenso viele Tote und Verletzte. Aber die Industrie im weiten Umkreis von Berlin war nicht, oder nur in sehr geringem Umfang, getroffen worden. Das Bomber Command der britischen Air Force hatte in der genannten Zeit natürlich auch andere Ziele in Deutschland angegriffen, sodass sich ihr „Gesamtrekord auf 20.224 Einsätze belief, von denen insgesamt 1.047 Bomber nicht mehr zurückkehrten und 1.682 schwer beschädigt wurden. Die RAF allein erlitt Personalverluste in Höhe von insgesamt 10.000 Mann. Wie hoch die US-Verluste in diesem Zeitraum waren, ist nicht bekannt. Auch sie dürften enorm gewesen sein.

Von diesem Dauerbombardement gegen Berlin und dessen Bevölkerung hatte sich die britische Führung unter Winston Churchill, die totale Friedensbereitschaft Deutschlands bis spätestens zum 1. April 1944 versprochen.

Das hatte Air Chief Marshal Harris in einer Generalstabsbesprechung auf jeden Fall vorausgesagt. Diejenigen aber, die diesen Luftterror beurteilen konnten, und dies auch in einer Denkschrift an den König taten, erklärten:

„Wir haben die Schlacht um Berlin verloren!" (Siehe Kurowski, Franz: Der Luftkrieg über Deutschland).

Im April 1944 wurde die britische Bomberoffensive zunächst eingestellt. Offiziell deshalb, weil die Vorbereitungen zur Invasion in Frankreich angelaufen waren. Praktisch aber wegen der enormen Verluste, welche die Royal Air Force erlitten hatte.

Der Monat April wurde ein Monat der 8. USAAF, die das Zerstörungswerk mit Tagesangriffen fortsetzen sollte. Dass dennoch nach wie vor schwere Nachtduelle der Nachtjäger gegen einfliegende Bomberverbände stattfanden, sei im nächsten Abschnitt dokumentiert.

Die Erfolge von Schnaufers Gruppe

In den folgenden Nächten wurde es ruhiger in St.Trond. Dennoch startete Schnaufer mehrfach gegen feindliche Flugzeuge. So in der Nacht zum 27. April 1944 als ein britischer Luftangriff gegen Aachen erfolgte. Diesmal waren es zwei Lancaster-Bomber, die den Angriff mit ihrem Abschuss bezahlten.

Bei dem schweren Luftangriff in der Nacht zum 28. April, gelang es Schnaufer, zwei Gegner abzuschießen. Auch seine Maschine erhielt schwere Treffer und unter Aufbietung aller fliegerischen Qualitäten brachte er seine Bf 110 zum Platz zurück.

„Wir waren drauf und dran, auszusteigen", meldete Schnaufer seinem Vorgesetztem, als sie gelandet waren und sich seine Warte über die arg lädierte Maschine hermachten, um sie bis zum nächsten Abend wieder einsatzbereit melden zu können.

In der Nacht zum 29. April flogen die Allierten einen Angriff gegen Norddeutschland. Diesmal kam Schnaufer nicht heran, da einer seiner beiden Motoren plötzlich zu spucken anfing und er den Angriff sofort abbrach und zum Horst zurückkehrte. Nur Oberleutnant Hermann Greiner kam von der IV./Nachtjagdgeschwader 1 heran und schoss eine Halifax ab.

Am Nachmittag des darauffolgenden Tages wurde seine Maschine wieder klar gemeldet. Schnaufer probierte sie aus und stellte fest, „dass ihr nichts mehr fehlte".

Am nächsten Tage starteten von dieser Gruppe abermals einige Nachtjäger gegen Bomberpulks der RAF, die unter anderem auch Ziele im Großraum Paris angriffen. Als erstem gelang es Leutnant Potthast eine Halifax abzuschießen. Oberleutnant Hans-Heinz Augenstein tat es ihm nach.

Leutnant Fengler schoss eine Halifax ab, während Oberleutnant Greiner eine Lancaster und dann noch eine Halifax vom Himmel herunterholte.

Am 2. Mai waren es wiederum Greiner und Augenstein die jeweils einen

Luftsieg errangen. Der 9. Mai sah Schnaufer mit seinem Team im Kampf gegen Einzeleinflüge, die von kleinen Pulks von Halifax-Bombern unternommen wurden. Schnaufer, Fengler, Greiner, Hauptmann Martin Drewes und Leutnant Potthast waren die Schützen in der Nacht des 9. Mai, während Potthast eine Stunde nach Mitternacht, also bereits am 10. Mai, seine zweite Halifax abschoss.

In diesem „Stremel" ging es weiter. Am 12. Mai siegte Oberleutnant Greiner im Luftduell gegen eine Lancaster. In der folgenden Nacht war es wieder einmal mehr Oberleutnant Augenstein der ebenfalls eine Lancaster bezwang, Leutnant Fenger tat es ihm gleich.

Der 13. Mai war aber auch wieder ein Erfolgstag für Heinz Schnaufer, wie der ganze Monat mit dem großen Knalleffekt des 25. Mai zu einem der erfolgreichsten Monate dieses Fliegers wurde.

Die Vergeltungsangriffe der deutschen Luftwaffe

Hitler hatte der britischen Führung Rache für Berlin geschworen. Er befahl, den Nachtangriff auf London und andere Ziele in England sofort wieder aufzunehmen.

Am späten Abend des 21. Januar 1944 starteten zum ersten Male seit langer Zeit wieder kampfstarke Bomberverbände des IX. Fliegerkorps unter Oberst Peltz in zwei Wellen gegen London. Insgesamt kamen 447 Flugzeuge zum Einsatz. Nur ein geringer Teil davon waren Bomber.

In der Nacht zum 30. Januar 1944 wurde dieser Einsatz wiederholt, wobei nur noch 285 Maschinen herankamen, darunter 60 Bomber.

Insgesamt wurden 310 Tonnen Spreng- und 715 Tonnen Brandbomben geworfen. Bei diesen beiden Angriffen gingen 57 deutsche Flugzeuge verloren.

In der Nacht zum 26. April wurden Schiffsansammlungen vor Portsmouth von 193 Kampfflugzeugen gebombt, zwei Nächte darauf Luftminen vor Portsmouth geworfen. 60 Kampfflugzeuge führten diesen Auftrag aus. Ein weiterer Angriff erfolgte in der Nacht zum 27. April mit 78 Kampfflugzeugen, die den Hafen von Portsmouth angriffen. Schließlich griffen 101 deutsche Kampfflugzeuge die Hafenanlagen von Plymouth in der Nacht zum 30. April an.

Von dieser Zeit bis zum 28. Mai 1944 folgten in knappen Abständen weitere Angriffe auf London und verschiedene Küstenhäfen. Diese Angriffswelle ging unter der Kennzeichnung „Little Blitz" in die Kriegsgeschichte ein.

In der Nacht zum 29. Februar 1944 hatten 187 Maschinen des IX. Fliegerkorps wieder einen größeren Einsatz gegen London geflogen. Das Ziel wurde getroffen, elf deutsche Kampfflugzeuge kehrten von diesem Einsatz nicht mehr zurück.

Im Februar 1944 verlor die deutsche Tag- und Nachtjagd insgesamt 1.217 Flugzeuge. Diese Zahl zeigt mehr als alle Beschreibungen, dass die ganze Unerbittlichkeit der Luftduelle Freund und Feind gleicherweise traf. Hier einige Beispiele dazu.

Oberstleutnant Egon Mayer, Kommodore des im Westen eingesetzten Jagdgeschwaders 2, erhielt am 2. März 1944 die 51. Schwerter. Er fiel am Tage der Schwerterverleihung im Luftkampf mit mehreren Thunderbolts über Montmedy. Bis zu dieser Zeit hatte er 102 Luftsiege im Westen errungen, darunter 25 viermotorige Bomber. Er war der erste Jagdflieger, der an der Kanalfront 100 Luftsiege erzielte.

Hauptmann Hugo Frey, der als Staffelkapitän in der 7./Jagdgeschwader 11 als „Viermot-Töter" bekannt war und der bei 32 Luftsiegen alleine 26 Viermotorige Bomber abgeschossen hatte, wurde beim Abschuss eines Bombers über Sleen in Holland von dessen Heckschützen abgeschossen. Er erhielt das Ritterkreuz nach seinem Tode am 4. Mai 1944 verliehen.

Dann traf es auch Oberst Wolf-Dietrich Wilcke, der „Fürst", wie er genannt wurde, war seit September 1942 Kommodore des Jagdgeschwaders 3 nach 155 Luftsiegen hatte er am 23. Dezember 1942, noch als Major, die 23. Schwerter zum Ritterkreuz mit Eichenlaub erhalten. Er wurde am 23. März 1944 bei Schöppenstedt im Luftkampf mit US-

Mustangs tödlich abgeschossen. Bis dahin hatte er 162 Luftsiege errungen.Zurück zu den Angriffen der Deutschen. 90 Kampfflugzeuge des IX. Fliegerkorps unter Oberst Peltz griffen London in der Nacht zum 25. März 1944 erneut an.

Am 18. April wurde deutscherseits alles zusammengekarrt, was fliegen konnte, um zu einem starken Schlag gegen London auszuholen und es den Briten heimzuzahlen.

Es kamen zusammen: 60 Ju 88, 29 Ju 188, 13 Do 217, 5 He 177 und 10 Me 410. Diese 117 Maschinen griffen erneut London an. Es waren gemessen an den westalliierten Angriffen nur Nadelstiche, zumal die genannten Maschinen nicht annähernd jene Bombenlasten schleppen konnten, wie die britisch-amerikanischen Bomber.

In der Nacht zum 24. April griffen 117 Bomber des IX. Fliegerkorps Bristol an. In der Nacht zum 15. Mai waren es ihrer 91, die abermals Bristol als Ziel zugewiesen erhielten. Von ihnen kehrten 13 nicht mehr nach Deutschland zurück.

106 Kampfflugzeuge waren es, die in der Nacht des 16. Mai auf Portsmouth angesetzt wurden. Sie legten einen Teil der Werft in Trümmer. In der Nacht des 23. Mai wurde dieser Angriff von 104 Kampfflugzeugen wiederholt, die dabei acht Maschinen verloren.

In der Nacht des 28. Mai waren es abschließend 65 Maschinen, die Torquay angriffen und ihre Bomben warfen, während die Nacht zum 30. Mai nur noch 51 Flugzeuge des IX. Fliegerkorps im Einsatz gegen England sah. Ihr Ziel war Falmouth. Die dortige Flak schoss zwei von ihnen vom Himmel herunter.

Damit gingen die deutschen Luftangriffe gegen England wieder zu Ende.

Die Royal Air Force setzte Ende Mai ihre Bombenangriffe mit größter Stärke wieder fort.

Am 25. Mai kam es auch wieder für die Besatzung Schnaufer, Rumpelhardt und Gänsler zu einem Einsatz, der sie binnen einer Viertelstunde in den Rachen der Hölle warf.

Moral oder Nichtmoral

Bereits am 9. Februar 1944 verlangte Bischof George Bell im britischen Oberhaus eine ungeschminkte Antwort der Regierung auf seine öffentlich vorgebrachten Anklagen. Hierbei zitierte der Bischof aus der schwedischen Zeitung „Svenska Dagbladet“:

„Die englischen Bombenangriffe haben erreicht, was Hitlers Erlasse nie vermocht haben: Dass die Mehrheit der Bewohner Deutschlands voller Wut gegen England sind.“

Nach Eröffnung der Debatte darüber, verkündete Viscount Fitzlan of Derwent:

„Ich bin bis auf die Knochen ein Anhänger des Bombenkrieges, meine Lords.“ Er fuhr fort, als der rauschende Beifall verklungen war: „Ich stimme der Bombardierung Deutschlands zu, wie die Regierung sie betreibt und ich hoffe, dass noch mehr in dieser Hinsicht geschieht!“

Der Sprecher der Regierung, Lord Cranborne, erhielt anschließend das Wort und erklärte:

„Obwohl ich die hochherzigen Motive des Herrn Prälaten tief respektiere, kann ich ihm keine Hoffnungen machen, dass wir unsere Bombenangriffe einstellen. Ich muss ihm im Gegenteil versichern, dass wir unsere Angriffe mit verstärkten Kräften und mit zermalmender Wirkung fortsetzen werden, bis der Sieg errungen ist!“

Bischof Bell sagte in seinem Schlusswort:

„Bis zu welchem scheußlichen Ausmaß hat sich der Bombenkrieg entwickelt! … Hitler ist ein Barbar! Aber es gibt auf alliierter Seite keinen Menschen, der vorschlagen würde, dass wir uns deshalb sein barbarisches Vorgehen zum Vorbild nehmen sollten. Das, meine Lords, ist keine vertretbare Form der Kriegführung mehr!“ (Siehe: The Times vom 10. und 11. Februar 1944)

Dass die westlichen Alliierten selbst in Frankreich zu voller Bombardierung auch der Zivilbevölkerung übergehen wollten, hatte einen Notenwechsel zur Folge, der hier in seinen Kernsätzen abgehandelt werden soll, um den Bombenkrieg und seine Opfer zu verdeutlichen.

Es war Ziel der neuen Offensive der 8. USAAF, im Mai 1944 ihre Angriffe gegen die Werke für synthetische Treibstoffe vorzutragen.

Am 12. Mai 1944 ging es zum ersten Male voll zur Sache. Die Leunawerke in Merseburg, die Werke in Tröglitz und Böhlau und die Hydrierwerke in Brüx bei Prag waren Ziele der US-Bomberflotte. Die deutsche Jagdabwehr schoss 46 der angreifenden Bomber ab. Alle Werke fielen – wenn auch nur zeitweise – aus. Brüx und Tröglitz hatten für einen längeren Zeitraum Totalausfall.

Am 21. Mai 1944 begann dann der Angriff, dem ein schneller Notenwechsel vorausgegangen war. 5000 (!) alliierte Jäger, Jagdbomber und Bomber griffen das Eisenbahnnetz und eine Reihe von Transportknotenpunkten in Frankreich an.

Winston Churchill hatte befürchtet, dass die über Frankreich abgeworfenen 66.000 Tonnen Bomben etwa 80.000 Tote und Verwundete kosten werde. Tote, die zu den Verbündeten zählten! Er schrieb an General Eisenhower (Siehe Churchill-Memoiren Band 5, Seiten 244-248):

„Das Kabinett hat sich heute ablehnend über die Absicht geäußert, so zahlreiche Bahnpunkte in Frankreich zu bombardieren, da dies Zehntausende von Zivilisten – Männer, Frauen und Kinder – Leben oder Gesundheit kosten muss."

Eisenhower hatte erwidert: „Sowohl ich, als auch meine militärischen Berater sind zu der Überzeugung gekommen, dass die Bombardierung dieser Knotenpunkte in Frankreich unsere Erfolgsaussichten in der entscheidenden Schlacht erhöhen."

Als Präsident Roosevelt ein Telegramm Churchills zu diesem Punkt erhielt, las er dessen Besorgnis heraus: „Als dieses Projekt erörtert wurde, sprach man von 80.000 Opfern, darunter 20.000 Toten, der französischen Zivilbevölkerung."

Roosevelt erwiderte: „So bedauerlich die der Zivilbevölkerung erwachsenden Opfer auch sind, bin ich doch nicht willens, den Aktionen der verantwortlichen Befehlshaber Fesseln anzulegen, die geeignet sein könnten, den alliierten Invasionsstreitkräften größere Verluste zu verursachen. Damit war die Sache entschieden. Der Bombenkrieg gegen das verbündete Frankreich begann und wurde bis zum 5. Juni 1944 fortgesetzt, unter vielen blutigen Verlusten für die französische Bevölkerung.

Soviel über Moral oder Nichtmoral im Bombenkrieg.

Mai 1944 – Die IV./Nachtjagdgeschwader 1 im Einsatz

Der 1. Mai 1944 war der Tag, an dem Schnaufer zum Hauptmann befördert worden war.

Es ist nunmehr an der Zeit, nach den sporadischen Hinweisen auf die Erfolge der IV. Gruppe des Nachtjagdgeschwaders 1 einmal die Zeit vom 2. bis zum 24. Mai aus der Sicht derselben Revue passieren zu lassen. Dies nicht zuletzt unter dem Gesichtspunkt, dass eine Gruppe zwar das eine oder andere Ass in seinen Reihen wusste, dass aber die Gesamtleistung der ganzen Gruppe für den Erfolg ausschlaggebend war.

Neben Heinz-Wolfgang Schnaufer und seiner Besatzung verfügte die Gruppe – selbstverständlich auch das gesamte Geschwader – über viele erfahrene und erfolgreiche Besatzungen, die zum Teil seit Beginn der Nachtjagd dabei waren.

Einer der erfolgreichsten Männer war Oberleutnant Hermann Greiner, der bereits am 26. Juni 1942 seinen ersten Nachtjagdabschuss erzielt und die 11. Staffel der IV./Nachtjagdgeschwader 1 führte.

Greiner setzte die Erfolgsserie der IV./Nachtjagdgeschwader 1 am 2. Mai fort, indem er eine Halifax abschoss. In derselben Nacht kam auch Oberleutnant Hans-Heinz Augenstein zu einem Luftsieg über eine Lancaster. Er war seit Ende 1942 Angehöriger der 7./Nachtjagdgeschwader 1 und sollte am 9. Juni 1944 als Oberleutnant nach 42 Nachtabschüssen mit dem Ritterkreuz ausgezeichnet werden. Augenstein erzielte die dazu noch fehlenden Abschüsse in eben diesen Wochen des Mai 1944. Er hatte die 12. Staffel als Staffelkapitän von Schnaufer zu dem Zeitpunkt übernommen, als dieser seine Staffel abgab, um die

Gruppenführung zu übernehmen. Beide Flieger waren miteinander befreundet. Schnaufer war sicher, dass Augenstein in nächster Zeit seinen 40. Nachtjagdabschuss erzielen würde und dass er damit auch zur Verleihung des Ritterkreuzes anstand.

Am 9. Mai konnte Gruppenkommandeur Schnaufer eine Halifax abschießen. Leutnant Fengler und Oberleutnant Greiner taten es ihm nach, sodass die Erfolgsbilanz der Gruppe erneut um drei Luftsiege heraufgeschraubt wurde.

Am 10. Mai schoss Leutnant Potthast jeweils eine Halifax und eine Lancaster ab. Zwei Nächte später schlug Oberleutnant Greiner wieder zu.

Während Leutnant Fengler eine Lancaster erwischte und um ein Haar selber mit dem explodierenden Bomber vom Himmel heruntergefallen wäre, machte Schnaufer in der Nacht vom 12. auf den 13. Mai 1944 drei weitere Luftsiege perfekt; zwei Halifax-Bomber und eine Lancaster. Er wurde enthusiastisch gefeiert, als er in den frühen Morgenstunden des 13. Mai als letzter in St. Trond landete.

Am 22. Mai war wieder Oberleutnant Greiner an der Reihe. Die Halifax war sehr zäh, wie er später berichtete. Zweimal musste Greiner anfliegen und feuern, ehe sie aus dem Kurs des Pulks ausscherte und wenig später in engen Spiralen zu Boden stürzte.

In derselben Nacht vom 21. auf den 22. Mai, in der zweiten Stunde nach Mitternacht, kam Schnaufer auf einen Pulk der von ihrem Einsatz gegen Duisburg zurückkehrenden Bomber der RAF zum Schuss. Er schoss zwei Lancaster aus diesem Verband heraus. Er erhielt dabei einige Treffer in die Maschine und musste nach St. Trond zurückkehren.

In der Nacht vom 22. auf den 23. Mai kam es zu einem weiteren Start. Im wechselseitigen Einsatz konnten Leutnant Augenstein und Hauptmann Schnaufer jeweils zwei Lancaster abschießen, wobei in der Abschusstabelle, genau nach der Uhrzeit geordnet, die Reihenfolge lautete:

Augenstein – Schnaufer. Augenstein – Schnaufer.

Das war für Oberleutnant Augenstein das Ritterkreuz, das ihm am

9. Juni 1944, nach 42 Nachtjagdabschüssen verliehen wurde. (Augenstein fiel im Kampf gegen den britischen Fernnachtjäger Flight-Lieutenant Hedgecoe in der Nacht des 6. Dezember 1944).

Dann aber nahte jener Einsatz, in dem es Schnaufer gelang, seinem Abschussrekord in einer Nacht von vier auf fünf Gegner heraufzuschrauben.

Der Angriff in der Nacht vom 24. auf den 25. Mai 1944

Die Besatzung Schnaufer, Rumpelhardt und Gänsler hatte – wie dargestellt – auch im April und Mai eine Reihe Feindflüge absolviert, ohne jedoch an die Viererserien anknüpfen zu können. Dies lag einmal an der Tatsache, dass sie nicht mehr so starke Bomberpulks der RAF zu bekämpfen hatten, und zum anderen, dass sie auf ein- und ausfliegende US-Bomberverbände angesetzt wurden, auf die sie bei Tage nicht angesetzt wurden.

Dennoch war jeder Einsatz mit der Gefahr verbunden, von einem der US-Begleitjäger abgeschossen zu werden.

Der Abschussrekord wurde aber auch in diesen Wochen heraufgeschraubt. Der gesamten Besatzung wurde ein kurzer Urlaub gewährt. Dieser gab den unter Anspannung aller Kräfte im Einsatz gewesenen Männern eine Chance, sich zu regenerieren und das „etwas angegriffene Nervenkostüm wieder aufzupolieren", wie Rumpelhardt dies gegenüber einem Kameraden nannte.

Sie wussten längst, dass der Schlüssel zum Sieg darin bestand, in den Nächten so nahe wie nur eben möglich an den Gegner heranzugehen und ihn aus kürzester Distanz mit einer tödliche Salve zu treffen. Dass dies ein besonders schwieriges Manöver war, besonders wenn die Nächte dunkel waren, versteht sich. Dennoch musste es im Sinne der eigenen Sicherheit gewagt werden, denn mehr und stärker als die Gefahr einer Kollision wog die Gefahr, vorzeitig vom Gegner entdeckt und aus seinen insgesamt 12 MG beschossen zu werden.

Infolge der immerwährenden Angriffe dieser Art war diese Art der Nachtjagd für Schnaufer und seine Besatzung bereits zur Routine geworden. Das brachte die Gefahr mit sich, unaufmerksam zu werden und zu siegessicher zu agieren. Diese Gefahr hielt sich Schnaufer immer wieder vor und bemühte sich, jeden Angriff so zu fliegen, als wäre es der erste dieser Art.

Wenn Schnaufer benachrichtigt wurde, dass ein britischer Großangriff gestartet wurde und das erfuhren die deutschen Nachtjäger in der Regel wenn die britischen Bomberverbände, von den verschiedensten Plätzen aus startend, sich dann über dem Abflugpunkt zum Direktflug über den Kanal sammelnd, ihre Sender genau auf die Empfänger der Bodenstelle abstimmten. Diese Signale wurden von der Funkhorchabteilung West abgehört und die dann immer wieder rechtzeitig jene Meldungen durchgab, aus denen mit an Sicherheit grenzender Wahrscheinlichkeit auf einen Großangriff geschlossen werden konnte.

Die Rufzeichen der Bodenstellen und jene der Bomber-Groups waren bekannt und so erfuhr man bereits bei diesen Abstimmungen, die mit der „langen Antenne" – also aus größter Distanz vernehmbar – durchgeführt wurden, welcher Verband wann starten würde.

Während des Fluges war für alle Bomber Funkstille befohlen worden. Lediglich solche Maschinen, die durch irgendeinen Defekt ausfielen, durften sich melden und über Funk ihren Schaden in dem dreibuchstabigen X-Gruppen-Code angeben und melden, dass sie zur Basis zurückkehrten. Auch unterwegs hatte der eine oder andere Bomber Motorstörung und musste sich eine Heimpeilung geben lassen.

Dies waren untrügliche Anhaltspunkte erster Art. Wenn die betreffenden Bomber dann von den Freya-Geräten erfasst wurden, waren die ersten Nachtjagd-Maschinen bereits gestartet und wurden so weit grob herangeführt, dass sie mit ihrem eigenen Bord-Radar – dem SN 2 – den Gegner sichteten und durch ihre jeweiligen Bordfunker die das Gerät überwachten und bedienten – bis auf direkte Sichtweite herangeführt werden konnten.

In der Nacht vom 24. auf den 25. Mai 1944 meldete die Funkhorchabteilung West bereits zwei Stunden vor dem wahrscheinlichen Start der Bomberarmada das Abstimmen der ersten Squadrons. Dies löste die sofortige Alarmbereitschaft aus und zeigte den Männern, dass es ihnen möglich sein würde, den feindlichen Bomberverband schon im Anflug, also noch vor dem Bombenabwurf abzufangen.

Als die IV. Gruppe von Hauptmann Schnaufer Starterlaubnis erhielt, war die erste Besatzung bereits in Sitzbereitschaft. Genau eine Minute nach der Freigabe des Starts zog der erste Wart Schnaufers die Bremsklötze der Bf 110 weg. Die Maschine Schnaufers setzte sich in Bewegung, raste die Startpiste hinunter und hob dann sicher und elegant ab.

Im Minutenabstand starteten die Besatzungen unter Leutnant Rolland, Oberfeldwebel Scherfling und Oberleutnant Greiner, sowie einige andere der übrigen Gruppen, die jeweils ihren Einsatz- und Führungsstellen entgegenstrebten, um dort auf den Feind eingewiesen zu werden.

Schnaufer flog auf Anweisung des Funkfeuers in westsüdwestlicher Richtung. Wenn sie auf diesem Kurs weiterflogen, würden sie bald über Aachen sein.

„Sie kommen heran“, meldete Rumpelhardt nach der nächsten Meldung des Funkfeuers und gab dem Piloten eine Kurskorrektur durch. „Wenn wir so weiterfliegen, müssten wir ihren ersten Pulk rechterhand vor uns entdecken. Ich schalte das Sichtgerät ein.“

Schnaufer war nun geballte Aufmerksamkeit. Er versuchte, die Finsternis mit den Augen zu durchdringen, aber nichts war zu erkennen, als die hoch stehenden kleinen Wolkenballen. Der Himmel war ansonsten klar und es herrschte durchaus gutes Flugwetter. Als sie den Großraum Aachen erreichten, wurden sie von dem dortigen Funkfeuer eingewiesen. Drei Minuten vergingen ohne jede Sichtung.

„Ich habe einen Zacken“, meldete plötzlich Rumpelhardt. „Jetzt noch einen und noch einen! - Viele Zacken in 280 Grad Bordpeilung.“

Schnaufer drehte etwas weiter auf Südwestkurs. „Genau richtig, wir kommen heran und…“ „Ich sehe sie!“, meldete sich auch der Bordschütze. „Genau rechts von uns.“ Schnaufers Blick wanderte herum und da sah cr sic auch, als dunkle Schatten durch den Himmel ziehen. „Ziele erkannt“ meldete er und der Bordfunker rief die anderen Maschinen jenes Raumes herbei, durch die der Verband ziehen müsste.

Sie drehten nach Nordwesten und kamen so hinter den ersten Pulk, den Schnaufer auf mindestens 200 Maschinen schätzte. Es waren Halifax-Bomber. Der nächste Pulk war noch nicht zu erkennen.

Schnaufer kurvte auf die linke Flanke des Bomberpulks ein, wo etwa 20 Maschinen den Abschluss nach Osten bildeten. In einem weiten Bogen setzte er sich hinter sie. Er versuchte die Nacht mit den Blicken zu durchforschen. Waren Begleitjäger dabei? Er sah keine. Flogen noch unterhalb seiner Position weitere Bomber? Auch dort war nichts zu entdecken. Zusätzlich meldete Gänsler die rechte Flanke frei.

„Wir greifen an. Pauke, Pauke!“

Sie schoben sich in der alten Manier hinter die am tiefsten fliegende Feindmaschine, unterflogen sie und Schnaufer drosselte die Geschwindigkeit so weit, dass sie nunmehr fast synchron zueinander flogen. Dennoch kamen sie Meter um Meter näher und als sie eine Distanz von 45 Metern erreicht hatten, drückte Schnaufer die Feuerknöpfe der beiden im Winkel von 72 Grad schräg nach oben schießenden Kanonen.

Die Maschine schüttelte sich leicht unter den Abschüssen. In gleicher Sekunde krachten die Einschüsse in Fläche und beide Motoren der linken Flanke des Bombers. Dieser drehte nach zehn Sekunden aus dem Kurs heraus, beschrieb einen weiten Bogen, verlor an Höhe und dann explodierte er in einer grellen Feuersäule.

„Nummer eins, Herr Hauptmann“, rief Rumpelhardt.

Sie drehten bereits wieder in die verhältnismäßige Sicherheit unter diesen Pulk zurück.

Alle drei waren angespannte Aufmerksamkeit. Der Abschuss war um 1.15 Uhr erfolgt, Rumpelhardt notierte ihn und die Absturzstelle, damit am anderen Tage nach dem Wrack gesucht werden konnte. Sie kamen sehr rasch wieder in Schussposition. Die Kanonen krachten und der zweite Gegner fiel ebenso schnell vom Himmel herunter wie der erste. Es war 1.18 Uhr und die lodernde Fackel, in die sich der Bomber verwandelt hatte, jagte der Erde entgegen.

Der dritte Anflug wurde von vier Bombern vereitelt, die von rechts her geschlossen auf gleicher Höhe mit Schnaufers Maschine im spitzen Winkel auf die Bf 110 zuflogen.

„Achtung! Halbrechts Feindbomber", meldete Gänsler und eröffnete aus 200 Metern das Feuer auf diese vier Maschinen, die sich in feuerspeiende Vulkane zu verwandeln schienen. 48 schwere britische MG schössen nun auf Schnaufers Bf 110. Die ersten Treffer schlugen durch die Zelle. Schnaufer zog die Maschine in einem Aufwärtsturn herum, unterflog den Gegner, der nun kein Ziel mehr sah. Dann warf er die Maschine in einem Dreiviertelkreisbogen herum, befand sich nach Ausführung desselben mindestens 400 Meter unter diesen vier Bombern, die der linken Flanke des Pulks zustrebten, um sich dort einzugliedern. Offenbar gehörten sie zu diesem Verband.

Im Aufwärtsflug drehte Schnaufer auf den am weitesten herausgesetzten Bomber ein. Es waren nur vier Minuten nach der ersten Sichtung dieses neuen Gegners vergangen, als Schnaufers Bf 110 erneut in Schussposition gekommen war. Er schoss zielsicher wie immer und auch der dritte Gegner bezahlte seinen Feindflug gegen eine deutsche Stadt mit dem eigenen Untergang.

Diesmal drehte Schnaufer nicht nach links heraus, sondern nach rechts und kam nach erneuter Orientierung durch Rumpelhardt, hinter die Spitzengruppe des zweiten Pulks, der in etwa 600 Meter Seitenabstand vorbeiparadierte.

„Wir greifen wieder an!", verkündete Schnaufer und wischte sich mit dem Unterarm den Schweiß vom Gesicht, um besser sehen zu können. Sie erkannten die schwachen Auspuff-Flammen vieler Bomber und hörten weiter im Westen grollende Explosionen. Dort kämpften andere Nachtjäger mit diesem Gegner, um ihn rechtzeitig abzuschießen und das Bombardement auf eine deutsche Stadt zu vermindern. Schnaufer kam in Schussposition. Es war wie immer. Dennoch starrten die drei Männer in der Bf 110, die sich gegenüber den schweren Bombern wie ein Zwerg ausnahm, gebannt auf den Gegner.

„Getroffen!“ rief Gänsler, als er die aufzuckenden Flammen sah die auf der rechten Fläche des Bombers auftrafen und die Fläche vom Rumpf abriss. Der Gegner schor aus dem Pulk heraus, hätte um ein Haar einen seiner Kameraden gerammt und stellte sich dann auf den Kopf, um der Erde entgegenzutrudeln.

„Nummer vier, Herr Hauptmann!“, sagte Rumpelhardt. „Wir sollten an den Rückflug denken.“

„Warum nicht diesmal fünf Rumpel?“, fragte Schnaufer.

„In Ordnung, Herr Hauptmann“, rief Gänsler von der Seite.

Sie griffen ein fünftes Mal an, wurden durch einen tiefer fliegenden Bomber aus großer Distanz beschossen und mussten abdrehen. Schnaufer ging das Risiko nicht ein, einen Angriff fortzusetzen, wenn er gestört wurde. Nur während eines ungestörten Angriffs konnte er die überlegene Schnelligkeit seiner Bf 110 ausnützen. Wenn er sich mit gedrosselter Geschwindigkeit an den Feind heranschob, gab er einem ihn verfolgenden Gegner die Chance, mit Volllast näher zu kommen und ihm den Laden „vollzurotzen“, wie sie es burschikos nannten.

Schnaufer drehte aus der soeben bezogenen Angriffsposition heraus und sah sich einer Lancaster gegenüber, schräg von rechts auf Kollisionskurs zu ihm, die das Feuer eröffnete. Ein scharfer Schlag klatschte in die Fläche. Dann hatte er den Knüppel so weit gedrückt, dass er das Feuer unterflog.

Schnaufer schoss mit gutem Vorhaltewinkel, und dennoch aus einer solchen Situation, im Begegnungsflug, einen Volltreffer zu landen, war äußerst gering.

Er traf den Gegner zwar, legte aber offenbar nur die Heckkanzel lahm, denn die Vierfach-Feuerschnüre der dortigen Koppel-MG hörten schlagartig auf.

In einem weiten Bogen drehte Schnaufer wieder ein. Er fand die Maschine nicht mehr, sondern heftete sich an die Fersen der ihm am nächsten fliegenden Lancaster. Eine Minute nach Beginn des Zielanfluges schoss er mit den Geradeauswaffen. Er traf den Gegner nicht tödlich, schor aus dem Kurs aus und setzte sich unter diesen, um ihm mit der schrägen Musik den Todesstoß zu versetzen, was nun auch geschah.

Es waren nach Rumpelhardts Angaben seit dem ersten Abschuss genau 14 Minuten vergangen.

„Zurück zum Horst", sagte Schnaufer und lehnte sich etwas in den Sitz zurück.

Er spürte die Verspannung seines Körpers und bemerkte nun den Schweiß, der ihm in dichten Rinnsalen den Rücken hinunterlief und über das Gesicht perlte.

Sie landeten sicher in St. Trond und hatten in dieser Nacht nicht weniger als fünf feindliche Bomber vor ihrem Bombenabwurf über einer deutschen Stadt abgeschossen.

In der Reihenfolge der Abschüsse stellte sich diese Nacht für die erfolgreiche IV./Nachtjagdgeschwader 1 folgendermaßen dar:

1. Abschuss: Hauptmann Schnaufer	Halifax
2. Abschuss: Hauptmann Schnaufer	Halifax
3. Abschuss: Leutnant Rolland	Lancaster
4. Abschuss: Hauptmann Schnaufer	Halifax
5. Abschuss: Oberfeldwebel Scherfling	Lancaster
6. Abschuss: Hauptmann Schnaufer	Halifax
7. Abschuss: Hauptmann Schnaufer	Lancaster
8. Abschuss: Oberleutnant Greiner	Lancaster
9. Abschuss: Oberfeldwebel Scherfling,	Lancaster
10. Abschuss: Leutnant Rolland	Lancaster

Das war ein grandioser Erfolg von Schnaufers Gruppe und zugleich ein Beweis seiner straffen, gut organisierten Führung und der ausgefeilten Ausbildung seiner Besatzungen.

Weitere Nachtjagdsiege Schnaufers

In den folgenden Wochen bekämpfte Schnaufer mit seiner Besatzung mehrere starke Feindverbände. Aber es war vorerst kein zu großer Feindflugbetrieb mehr zu bemerken. Alles Sinnen und Trachten des Gegners war darauf gerichtet, die am 6. Juni 1944 begonnene Invasion in Nordwestfrankreich durchzuziehen und auch im Westen das Tor zu Hitlers Festung Europa aufzustoßen.

In der Nacht vom 12. auf den 13. Juni 1944 kam Schnaufer mit seiner Besatzung zu einem Dreifacherfolg, als die RAF Hydrieranlagen in Gelsenkirchen angriff. In der ersten Stunde des 13. Juni gelang ihnen der Abschuss von 3 Lancaster-Bombern in der Zeit von 0.27 Uhr und 0.34 Uhr. Der letzte Gegner stürzte bei Cambrai brennend ab.

Über den Wehrmachtbericht und durch die Flüsterpropaganda hörten sie vom Beginn des Vergeltungswaffen-Angriffs gegen England mit der V 1, die in der Nacht zum 13. Juni 1944 begonnen hatte und von Oberst Wachtel, dem Kommandeur des Flakregiments 155, geleitet wurde. Die in der Nacht zum 16. Juni gestarteten 144 V 1 richteten im Großraum London einigen Schaden an. Britischen Jägern gelang es aber, 21 dieser unbemannten Sprengstoffträger abzuschießen, weil sie nicht schnell genug waren.

Von den bis zum 30. Juni gegen London abgeschossenen 2.000 V 1 erreichte genau die Hälfte London. 661 wurden als, von den britischen Jägern, abgeschossen gemeldet.

Die Nach des 21. auf den 22. Juni kam heran. Es sollte eine Nacht werden, wie sie der Luftkrieg der Nachtjäger gegen die Bomberströme selten vorher erlebt hatte.

Als die ersten Abstimmungsaktionen der Bomber-Squadrons erkannt und gemeldet wurden, gab es auch auf dem Horst in St. Trond Sitzbereitschaft für die diensthabenden Nachtjäger, während die anderen in Alarmbereitschaft versetzt wurden.

Die suchenden Freyageräte meldeten einzelne Einflüge, die sich zunächst nicht auf ihren Einsatzbereich bezogen. Dann aber meldete plötzlich eines der Würzburggeräte weiter im Südosten: „Britische Verbände vermutlich im Anflug auf Stuttgart!“

Schnaufer hörte die Meldung mit und fluchte still vor sich hin. Da hatten sich also wieder große Pulks an den Überwachungsstellen vorbeigeschmuggelt und waren bereits nach Stuttgart unterwegs. Sie mussten versuchen, diese britischen Bomberpulks auszuschalten, und den Verband zu zersprengen.

„Ich fliege allein. Ihr anderen bleibt hier, für den Fall, dass auch hier dicke Luft eintreten sollte.“

Mit seiner Besatzung startete Heinz-Wolfgang Schnaufer zum Verfolgungsflug hinter dem Gegner her nach Südosten.

Rumpelhardt versuchte, nach den Weisungen der Himmelbett-Stellungen heranzukommen und den Gegner voraus auszumachen. Sie fingen weitere Meldungen auf, korrigierten den Kurs und als feststand, dass wirklich Stuttgart das Ziel sein würde, schob Schnaufer den Gashebel bis zum Anschlag hinein und jagte in geradem Flug in die Richtung, wo er den Bomberstrom abfangen wollte.

Fieberhaft versuchte Rumpelhardt durch das nun eingeschaltete SN 2 etwas zu erkennen. Ein Zacken, den er im Osten sichtete, war offenbar ein eigener Nachtjäger. Sie verloren ihn bald aus der Sicht. Sie waren inzwischen näher an den Pulk herangekommen, als Rumpelhardt den Gegner meldete:

„Direkt voraus! Entfernung etwa 800 Meter, ein Zacken. Offenbar Bomber.“

Schnaufer beuge sich unwillkürlich etwas nach vorn. Er spähte durch sein Leuchtvisier. Aber noch erkannte er nichts, bis Rumpelhardt die Distanz auf 600 Meter schätzte und erneut meldete:

„Ich habe sie!“, rief Schnaufer unterdrückt und korrigierte die Höhenlage, um direkt anfliegen und schießen zu können.

Als sie nahe genug herangekommen waren musste er die Fahrtstufe drosseln, um nicht am Gegner vorbeigetrieben zu werden. Er holte dennoch weiter auf und erreichte unbemerkt die optimale Schussdistanz. Er schoss diesen Bomber mit der ersten Salve vom Himmel herunter.

Den Pulk umfliegend, gelangte er rasch an die Spitze desselben, passierte auch diese und Rumpelhardt erkannte 4.000 Meter voraus, vor dem Spitzenpulk, eine einzeln fliegende Maschine.

„Der Pfadfinder, Herr Hauptmann!", meldete Rumpelhardt.

„Den müssen wir abfangen!"

Wie schon vielfach vorher ging Schnaufers Sinnen und Trachten danach, diesen Zielmarkierer, den Wegbereiter der Katastrophe, abzuschießen. Damit war es den Bomberströmen erschwert, die Ziele zu finden.

Funker Rumpelhardt hielt die Maschine nun im Suchgerät fest. Aber auch dieser Gegner erkannte schließlich den schnell näher kommenden Jäger. Er hatte ihn offenbar bereits gesichtet und versuchte, durch gewagte Flugfiguren, darunter auch den bekannten „Korkenzieher" zu entkommen. Aber Schnaufer blieb am Feind und kam bis auf 400 Meter heran, als dieser Gegner das Feuer eröffnete. Schnaufer unterflog die Flammenschnüre, blieb weiter dran, kam bis auf 80 Meter heran und schob sich noch weiter vor. Dann riefen Rumpelhardt und Gänsler gleichzeitig:

„Jetzt! Herr Hauptmann!"

Im selben Moment schoss Schnaufer, denn das war die richtige, die tödliche Distanz. Der Pfadfinder wurde schwer getroffen. Er drehte leicht nach Osten ab, behielt aber noch seinen Kurs bei. Schnaufer hämmerte ihm mit den Geradeauswaffen die Kanzel und die Zelle voll. Da plötzlich ein greller Flammenschein. Schnaufer war Sekunden wie blind. Würde der Gegner auseinanderbrechen?

„Er hat eine Blitzbombe geworfen. Herr Hauptmann", rief Gänsler, der nicht von diesem grellen Flammenblitz geblendet worden war. Dieser Blitz sollte die verfolgenden Nachtjäger blenden und dem Pfadfinder die Chance zum Entkommen geben. Nicht aber bei Schnaufer!

Nun eröffnete der Heckschütze wieder das Feuer. Die erste Garbe zerhämmerte das Funk- und Suchgerät.

Schnaufer schob instinktiv den Knüppel nach vorn und glitt schnell aus dem Feuerbereich der vier Heck-MG hinaus, um nach einigen hundert Metern des Steilfliegens wieder hochzuziehen.

„Wo ist er, Rumpel?“, rief er zum Bordfunker hinüber. „Nichts zu sehen. Suchgerät ausgefallen, Herr Hauptmann!“

„Verdammt, sucht, sucht!“

Sie flogen auf dem Kurs weiter, den der Pfadfinder vorher geflogen war. Das erwies sich, wie sich bald herausstellte, als richtig. Zunächst sichtete Rumpelhardt die Auspuff-Flammen dieses Bombers. Dann sah Schnaufer dessen Umrisse und spürte schließlich die Böen der vier Luftschrauben, die ihn erfassten und ihm zugleich zeigten, dass er zu hoch war.

„Ich greife an!“, rief Schnaufer seinen Männern zu.

Er hatte fast die richtige Schussposition erreicht. Langsam zog er die Bf 110 hoch und sah genau über sich den mächtigen Rumpf des Bombers, der mit Leuchtmitteln vollgestopft war, um seinen Bombern die Abwurforte zu markieren.

Schnaufer schoss mit der schrägen Musik. Gleichzeitig schoss eines der MGs des Gegners, das Schnaufers Maschine verfehlte. Die vier MG des Heckstandes schossen in ununterbrochener Folge. Es sah so aus, als flöge Schnaufer mitten hinein, doch dem war nicht so. Er sah mit dem sicheren Instinkt des erfahrenen Nachtjägers, dass diese Salven über ihn hinweggehen mussten. Und so war es auch.

Jetzt war er in die beste Schussposition gelangt. Ein einziger Feuerstoß reichte aus, den Gegner in Brand zu schießen. Dessen Ladung, bestehend aus pyrotechnischem Material wie Leucht- und Brandbomben, Blitzbomben und Christbäume, sowie mehrfarbige Feuer und Leuchtraketen, gingen hoch. In diesem grandiosen Feuerwerk ging der Zeremonienmeister zu Grunde. Aus seiner Maschine fielen zwei Männer an Fallschirmen heraus. Die Schirme standen, als sie sich aufblähten, bereits in Flammen.

Inzwischen war der Bomberpulk näher herangekommen. Schnaufer hängte sich an ein Bomber, der etwas herausgesetzt an der linken Seite des Pulks flog. Mit einer Kehrtwende setzte er sich hinter den Bomber und als er in Schussposition gekommen war, eröffnete er das Feuer. Salven aus dem Heck-MG des Bombers schlugen ihnen entgegen.

Plötzlich stand einer der Motoren des Gegners in Flammen. Eine sofort darauffolgende Explosion riss dem Bomber eine Tragfläche weg, er scherte aus dem Pulk aus und stürzte brennend der Erde entgegen.

Auch die Maschine von Schnaufer wurde bei diesem Angriff getroffen. Dann meldete sich Gänsler:

„Unser rechter Motor brennt!"

Schnaufer stellte sofort die Zündung ab. Sie flogen mit einem Motor weiter, waren so gut wie lahm und versuchten aus dem Bomberstrom herauszukommen.

Mitten in dem Feuerzauber der brennenden Christbäume und der mehrfarbigen Zielmarkierungsbomben tauchte plötzlich der Schatten einer Lancaster auf. Schnaufer wollte ihn nicht annehmen, aber Gänsler drängte den Piloten:

„Etwas schneller, Herr Hauptmann, dann kann ich ihn mit meiner Waffe abschießen."

Schnaufer drückte den Gashebel durch. Wenn Wilhelm Gänsler das sagte, dann hatte er auch allen Grund dafür.

Das MG des Bordschützen tackerte Sekunden später los. Gänsler schoss Dauerfeuer und nach wenigen Sekunden erscholl eine gewaltige Explosion und rechterhand sah Schnaufer den von Gänsler anvisierten Gegner auf Tiefe gehen.

„Gut gemacht, Wilhelm!", lobte Schnaufer den Kameraden vieler Einsätze.

Der Schnaufer nachfolgende Bomberverband erreichte die Stelle, die von mehreren Leuchtfallschirmen erhellt wurde. Sie waren offenbar konsterniert, dass mehrere Leuchtzeichen gleichzeitig geworfen zu sein schienen. Aber dann begannen die ersten Bomber zu werfen und alle nachfolgenden Lancaster warfen ihre Bombenlasten ebenfalls dort ab, wo der Pfadfinder sein Ende gefunden hatte. Nur ein kleinerer Pulk hielt stur seine Position bei.

Während die britischen Bomber kehrt machten, um nach Hause zu fliegen, hatten sie die inzwischen in ihren Sektoren aufgestiegenen Nachtjäger zu passieren, denen es ebenfalls gelang eine Anzahl der

Gegner vom Himmel herunterzuholen. Schnaufer erbat und bekam Landeerlaubnis auf einem Horst in unmittelbarer Nähe seiner Position und landete mit einem Motor sicher auf der Rollbahn. Er rollte aus und erhielt die Zusage, dass er am nächsten Morgen mit seiner Maschine nach St. Trond weiterfliegen könne.

Seine Verbindung zum Geschwader kam rasch zu Stande und Schnaufer meldete den Abschuss von drei Bombern und des Pfadfinders.

Danach rief er seine Mutter in Calw an, die immer und jede Nacht um ihren Sohn bangen musste. Als sie sich meldete, hörte er aus ihrer Stimme heraus, dass sie noch nicht geschlafen hatte.

„Mutter", sagte er, „die Tommies wollten Stuttgart angreifen. Wir haben es ihnen versalzen!"

„Es ist gut, mein Junge und pass auf dich auf!"

„Gute Nacht Mutter. Lege dich schlafen! Es passiert heute Nacht nichts mehr."

Die Angriffe auf Stuttgart wurde nach der Auswertung der Zielfotos durch britische Stellen wiederholt. Die 614 Bomber, die Stuttgart erreicht hatten, konnten mit ihren Treffergebnissen Bomber Harris nicht befriedigen. Er setzte in der nächsten Nacht zum 26. Juli einen weiteren Angriff an. In der Nacht zum 29. Juli wurde der dritte Angriff in Folge auf Stuttgart geflogen.

Es sollte ein zweites Unternehmen „Gomorrha" werden wie in Hamburg, doch glücklicherweise wurde es nicht so schlimm, aber dennoch schlimm genug, wenn man bedenkt, dass diese drei Nächte das Leben von 898 Menschen in Stuttgart gekostet hatte. Weitere 1.916 Einwohner der Stadt waren mit zum Teil lebensgefährlichen Verletzungen und Verbrennungen davongekommen. 100.000 Menschen der Stadt waren nach diesen drei Nächten des Infernos obdachlos.

Ein besonderes Ereignis

Am 27. Juli 1944 stand die Besatzung Schnaufer vor der Geschwaderbaracke angetreten. Ihr Gruppenkommandeur, Hauptmann Schnaufer, und der Geschwaderkommodore, Oberstleutnant Jabs (traten ins Freie. Daneben der Geschwaderadjutant.

Sie gingen auf die beiden angetretenen Besatzungsmitglieder Schnaufers zu. Diese hatten Haltung angenommen. Auf ihrer rechten Brustseite blinkte das Deutsche Kreuz in Gold, links das EK I und die Frontflugspange. Die drei Männer blieben fünf Schritte vor Rumpelhardt und Gänsler stehen. Oberstleutnant Jabs wandte sich dem rechts stehenden Fritz Rumpelhardt zu.

„Leutnant Rumpelhardt, im Namen des Führers überreiche ich Ihnen das Ritterkreuz des Eisernen Kreuzes."

Dann wandte er sich Wilhelm Gänsler zu:

„Oberfeldwebel Gänsler. Auch Ihnen überreiche ich im Auftrag des Führers das Ritterkreuz des Eisernen Kreuzes."

Mit Hilfe des Adjutanten legte Oberstleutnant Jabs den beiden erfolgreichen Besatzungsmitgliedern des Teams Schnaufer die „Dödel" um, wie das Ritterkreuz spöttisch-liebevoll genannt wurde.

Mit ihm gratulierte Heinz Schnaufer seinen beiden Kameraden, die während der vielen Einsätze zu Blutsbrüdern geworden waren.

„Fritz", sagte er und seiner Stimme war die Bewegung anzumerken, die ihn gepackt hielt, „Du hast mit deiner Beteiligung an meinen bisherigen 86 Abschüssen, jede Nacht mit mir durchgestanden und jeder Gefahr getrotzt, ohne einmal zu wanken."

Schnaufer wandte sich Gänsler zu.

„Und du, Wilhelm, warst bisher ebenfalls bei 72 meiner Abschüsse dabei. Euch beiden mein Dank und mein besonderer Glückwunsch."

Dass Gänsler „nur" bei 72 Abschüssen mit Schnaufer dabei war, lag daran, dass Schnaufer vorher bei 12 Abschüssen von Leutnant Dr. Bahro und dann fünfmal von Erich Handke als Bordschütze begleitet worden war. Am selben Tag, dem 27. Juli 1944 erhielt auch Fahnenjunker-

Feldwebel Erich Handke das Ritterkreuz, der inzwischen Bordschütze von Hauptmann Martin Drewes geworden war. Hauptmann Drewes führte seit März dieses Jahres die III./Nachtjagdgeschwader 1 und war mit Schnaufer gut befreundet. Auch Handke konnte Heinz-Wolfgang Schnaufer die Hand drücken, denn er wurde unmittelbar nach den beiden Männern seiner Besatzung von Oberstleutnant Jabs ausgezeichnet.

Was Schnaufer ganz besonders freute, war die Tatsache, dass auch Hauptmann Drewes Schulter an Schulter mit seinem Bordschützen in der zweiten Reihe der Auszuzeichnenden stand. Auch er wurde am 27. Juli 1944 mit dem Ritterkreuz ausgezeichnet. Drewes sollte als Major nach 52 Luftsiegen darunter 43 in der Nacht und sieben Viermot-Bomber am Tage am 17. April 1945 das Eichenlaub zum Ritterkreuz erhalten.

Das ganze Geschwader feierte. Bei dieser Feier flüsterte der anwesende Kommandierende General des I. Jagdkorps, Generalmajor Schmid, Schnaufer zu, dass er sich schon einmal die Brust waschen möge, denn ein gewisser hoher Herr wolle ihn sehen.

Das konnte nur Hitler sein und so war es auch! Am 30. Juli, nur drei Tage nach der Auszeichnung seiner beiden Kameraden in der Maschine, wurden Hauptmann Heinz-Wolfgang Schnaufer die 84. Schwerter zum Ritterkreuz mit Eichenlaub verliehen. Dazu musste er zur Wolfsschanze nach Rastenburg fliegen, wo er aus der Hand Hitlers diese hohe Auszeichnung erhielt, die bis dahin nur 83 Soldaten der deutschen Wehrmacht vor ihm erhalten hatten. Hier traf er mit Erich Hartmann zusammen und „Bubi“ wie der Welt erfolgreichste Jagdflieger genannt wurde, berichtete ihm vom Einsatz seines Geschwaders in Russland, wo er am 4. Juli 1944 bereits die 75. Schwerter erhalten hatte. Er war dort im berühmten Jagdgeschwader 52 als Oberleutnant und Staffelkapitän der 9. Staffel, und sollte am 1. Februar 1945 die Führung der I./Jagdgeschwader 52 als Gruppenkommandeur übernehmen.

Nach Bekanntwerden der Schwerterverleihung hatte Schnaufer – noch vor seinem Flug nach Ostpreußen – von seinen Kameraden ein echtes, lebendes Glücksschwein erhalten. Die Spender waren Hauptmann Drewes, Leutnant Gräfe, Stabsarzt Dr. Schreiber und Major Rotter. Hauptmann Drewes hatte sogar einen Nelkenstrauß aufgetrieben, den er Schnaufer überreichte. In Rastenburg stand „Bubi“ Hartmann als rechter Flügelmann in der Reihe der Auszuzeichnenden, während sich Schnaufer gleich links an ihn anschloss.

Während seines Rückfluges zum Geschwader machte Schnaufer in Dortmund einen Zwischenhalt. Seine Kameraden auf dem Dortmunder Flugplatz umringten ihn. Er musste erzählen, wie es in der Nachtjagd war und was es mit den Bomberströmen auf sich hatte. Danach posierte er mit ihnen vor einer Do 215 zu einem Gruppenbild.

Schnaufer und seine Kameraden

Bis zum 9. Oktober 1944 gelang es Heinz-Wolfgang Schnaufer, die Zahl seiner Abschüsse auf 100 zu erhöhen. Er erhielt am 16. Oktober 1944 als 21. deutscher Soldat die Brillanten zum Ritterkreuz mit Eichenlaub und Schwertern und wurde am 1. Dezember 1944 wegen Tapferkeit vor dem Feind zum Major befördert. Damit war er mit noch nicht einmal 23 Jahren der jüngste Major der deutschen Luftwaffe. Der Wehrmachtsbericht meldete zu Schnaufers 100. Luftsieg:

„Der vom Führer mit dem Eichenlaub mit Schwertern zum Ritterkreuz des Eisernen Kreuzes ausgezeichnete Hauptmann Schnaufer, Gruppenkommandeur in einem Nachtjagdgeschwader errang in der Nacht vom 9. zum 10. Oktober seinen 100. Nachtjagdsieg.“

Mit seiner Gruppe versuchte Schnaufer nach wie vor die alliierte Bomberflotte zu bändigen. Seine Abschusserfolge stiegen weiter an. Die Einsätze waren für ihn zwar zur Routine geworden, dennoch vernachlässigte er in keiner Sekunde seines Einsatzes und der Vorbereitungen dazu, alles Notwendige genauestens zu überprüfen. Das war er sich und seinen beiden Kameraden in der Bf 110 schuldig.

Sobald er wusste, dass ein neuer britischer Großangriff erfolgen würde, war er bereit. Dies galt vor allem auch in Bezug auf seine Lebensführung.

Bis zum Jahresende konnte er trotz aller außerdienstlichen Inanspruchnahme, die seine Verleihung mit der höchsten deutschen Kriegsauszeichnung mit sich brachte, die Zahl seiner Abschüsse auf insgesamt 106 Nachtabschüsse erhöhen. Damit hatte er sich an die Spitze aller deutschen Nachtjäger gesetzt und auch den bis dahin an der Spitze stehenden Oberstleutnant Helmut Lent auf den zweiten Rang verdrängt.

Helmut Lent war ein enger Freund Schnaufers. Er hatte schon am 31. Juli 1944 nach 100. Nachtabschüssen, die er in der Nacht vom 15. auf den 16. Juni 1944 erreicht hatte als 15. deutscher Soldat die Brillanten erhalten. Er führte das Nachtjagdgeschwader 3 als Kommodore und verunglückte mit seiner Besatzung am 5. Oktober 1944 bei einem Landeanflug auf Paderborn am Tage, als ein Motor ausfiel und die Maschine in eine Hochspannungsleitung geriet und abstürzte. Helmut Lent erlag am 7. Oktober 1944 seinen schweren Verletzungen. Mit ihm fanden sein langjähriger Bordfunker Kubisch, Oberleutnant Klöß und Leutnant Kark den Tod. Auf etwa 300 Feindflügen hatte er 102 Nacht- und 8 Tagabschüsse errungen. Er war inzwischen wegen Tapferkeit vor dem Feind zum Oberst befördert worden.

An seinem Grabe hielten die Kameraden vom Nachtjagdgeschwader 3, das er geführt hatte, die Ehrenwache. Neben vielen anderen Größen der Nachtjagd war auch Heinz-Wolfgang Schnaufer zugegen, als unter dem Lied vom „Guten Kameraden“ Helmut Lent zur letzten Ruhe gebettet wurde.

Bis zum bitteren Ende

Am 15. November 1944 war Major Schnaufer zum Kommodore des Nachtjagdgeschwaders 4 ernannt worden. Oberstleutnant Thimmig musste es nach seiner Verwundung abgeben. Er führte nun ein ganzes Geschwader. Trotz allen Schreibkrams und aller technischen Besonderheiten, denen sich ein Geschwaderkommodore gegenübersah, flog er weiter, so oft dies möglich war. Seine beiden Kameraden Rumpelhardt und Gänsler standen ihm als Besatzung ständig zur Verfügung. Ein kurzer Blick zurück:

Im alten Geschwader kam es immer wieder vor, dass bei Ausfall einer Maschine im Nachtkampf Heinz Schnaufer, aus der Kommandobaracke hinausgestürmt kam und zu seiner Maschine lief, wo die Warte ihn empfingen, ihm in den Kampfanzug halfen und den Fallschirm anlegten.

Dann starteten er und seine Kameraden als „Ersatz". So geschehen während des britischen Angriffs in der Nacht zum 24. Oktober gegen Essen, als wieder einmal 955 Bomber der RAF die Kruppsche Waffenschmiede lahmlegen wollten. Diesmal ging ein wahres Inferno auf Essen nieder. Nicht weniger als 4.522 Tonnen Bomben und Phosphorkanister regneten auf die Stadt herunter. (Andere Quellen geben 3.719 Tonnen an). Es gab wieder Zehntausende an Obdachlosen, mehr als 600 Tote und eine Vielzahl von Verletzten.

Heinz-Wolfgang Schnaufer gelang es jedoch nicht mehr an den Verband heranzukommen.

Das in der Nacht zum 2. November 1944 gegen Oberhausen eingesetzte britische Kontingent konnte von ihm nicht mehr erfasst werden. Er musste unverrichteter Dinge zum Gefechtsstand zurückkehren. Erst in der Nacht vom 6. auf den 7. November, als die RAF Bochum und den Dortmund-Ems-Kanal bei Ladbergen angriff, kam Schnaufer wieder in Angriffsposition und schoss drei Gegner ab.

Dies war sein letzter Einsatz im alten Nachtjagdgeschwader 1. Am 10. November musste er die Führung des Nachtjagdgeschwader 4 übernehmen.

In der Nacht vom 21. zum 22. November startete Schnaufer gegen eine zweite britische Bomberwelle, die nach einem vergeblichen Angriff in der davor liegenden Nacht abermals Bomben auf das Werk für synthetischen Treibstoff in Homberg-Meerbeck warfen. Zwei der Bomber, die dem Gegner dabei verloren gingen, gingen auf das Konto von Schnaufer und seiner Besatzung. Noch zweimal kam Schnaufer im Verlaufe des Dezember 1944 mit seiner Besatzung zum Einsatz und erhöhte mit einem Abschuss seine Erfolgsserie auf die eben beschriebenen 106 Bomber.

Am 16. Februar 1945 gratulierte der alliierte Soldatensender Calais zu seinem 23. Geburtstag. Der Name Schnaufer war bei seinen Gegner inzwischen bestens bekannt.

Der letzte große Erfolg

Als am 20. Februar die RAF mit 730 Bombern Leipzig angriff und 2.291 Tonnen Bomben abwarf, kamen alle einsatzbereiten Nachtjäger zum Schuss. Auch Schnaufer wurde auf die quer über Deutschland zurückkehrenden Bomberverbände angesetzt.

Als Schnaufer, der mit dem Geschwaderstab in Gütersloh lag, kurz nach Mitternacht des 21. Februar die Alarmmeldung erhielt, starteten seine wenigen einsatzbereiten Maschinen. Sie kamen auf die aus Leipzig zurückkehrenden britischen und US-Bomber zum Schuss.

Es wurde eine grauenvolle Nacht für die RAF. Auf dem ganzen Rückweg wurden aus den einzelnen mehr und mehr auseinanderdriftenden Pulks Bomber über Bomber herausgeschossen und eine Reihe angeschossen, die mit letzter Kraft die Insel erreichten und dort bei der Landung zu Bruch gingen. Dies wurde nicht als deutscher Abschuss gewertet. Insgesamt verlor die RAF bei ihrem Angriff gegen Leipzig 78 Flugzeuge.

Als Schnaufer mit seinen beiden Getreuen den Luftraum des Zweikampfes am Himmel erreichte, sahen sie schon die brennenden Maschinen, sahen sie die MG-Salven, die nur an den Leuchtspurfäden zu erkennen waren.

„Angreifen! Wir greifen alle an!“, rief Schnaufer über die Bord-Bordverständigung. Er selbst griff eine der mitfliegenden viermotorigen Bomber an. Der Kampf dauerte vier Minuten, während derer dieser Gegner sich so teuer wie möglich zu verkaufen versuchte und auch einige Treffer in Schnaufers Maschine anbringen konnte. Dann aber, nachdem

Schnaufer bereits im Anflug auf dieses Ziel mit den Geradeauswaffen Treffer erzielt hatte, gelangte er in die günstigste Schussposition für die schräge Musik. Diesmal gab es kein Erbarmen. Der Bomber wurde förmlich in Fetzen geschossen. Beide Flächen montierten nacheinander ab, dann riss sich einer der Motoren aus der Verankerung und schleuderte als glühender Komet durch die Luft. Trümmer regneten auf den Boden herunter.

Der zweite Gegner wurde keine drei Minuten später angegriffen. Diesmal klappte es wie auf dem Schießplatz. Die dritte Salve rasierte auch ihm eine Fläche ab, sodass er senkrecht in die Tiefe stürzte.

Beim nächsten Angriff versagte wegen eines Hülsenklemmers die schräge Musik und Schnaufer erhielt im Abdrehen starkes Feuer, das auch seine Maschine an einigen Stellen durchlöcherte. Er wich dem gegnerischen Feuer aus und landete in Gütersloh, wo seine Warte bereitstanden., um die Maschine sofort wieder einsatzbereit zu machen, und die beiden neuen Abschüsse aufzumalen.

Die drei Kameraden gingen nach der Einsatzbesprechung und einem Frühstück zu ihren Unterkünften, um sich auszuschlafen. Doch allzu lange konnten sie nicht ausruhen, denn am Abend desselben Tages wurden sie erneut alarmiert und Schnaufer beschloss – entgegen den Bitten des Stabes – nicht zurückzubleiben sondern sich erneut „ins Getümmel zu stürzen", wie er sagte.

Es waren Einflüge starker Bomberverbände an diesem Abend des 21. Februar gemeldet worden. Eine Stunde später wurde für die einsatzbereiten Bomber Sitzbereitschaft befohlen.

Stuttgart und Duisburg waren die Ziele, die von den Meldenetzen gemeldet wurden. Auf Stuttgart flogen 552 Bomber zu, während Duisburg „nur" 349 Bomber angriffen.

Schnaufer entschloss sich dazu, den Südpulk anzugreifen. Als er bereits in der Luft war, wurde bekannt, dass auch Kiel Angriffsziel einiger hundert Bomber sei.

Schnaufers Maschine wurde von dem zuständigen Würzburggerät an den Bomberverband herangeführt. Dann übernahm Rumpelhardt die

Hans-Heinz Augenstein
Ritterkreuz 09.06.1944 bei 7./NJG 1
Gefallen am 06.12.1944 bei Münster
Letzter Dienstgrad: Hauptmann

Werner Baake
Ritterkreuz 27.07.1944 bei 3./NJG 1
Letzter Dienstgrad: Hauptmann

Ludwig Becker
Ritterkreuz 01.07.1942 bei 12./NJG 1
Eichenlaub 26.02.1943 bei 12./NJG 1
Gefallen am 26.02.1943 bei einem Tageinsatz über der Nordsee
Letzter Dienstgrad: Hauptmann

Eckart-Wilhelm von Bonin
Ritterkreuz 05.02.1944 bei II./NJG 1
Letzter Dienstgrad: Major

Kurt Bundrock
Ritterkreuz 30.06.1944 bei Stab NJG 1
Letzter Dienstgrad: Oberfeldwebel

Martin Drewes
Ritterkreuz 27.07.1944 bei III./NJG 1
Eichenlaub 17.04.1945 bei III./NJG 1
Letzter Dienstgrad: Major

Reinhold Eckardt
Ritterkreuz 30.08.1941 bei II./NJG 1
Gefallen am 30.07.1942 bei Brüssel
Letzter Dienstgrad: Oberleutnant

Walter Ehle
Ritterkreuz 29.08.1943 bei II./NJG 1
Gefallen am 17.11.1943 St. Trond, Belgien
Letzter Dienstgrad: Major

Wolfgang Falck
Ritterkreuz am 01.10.1940 bei NJG 1
Letzter Dienstgrad: Oberstleutnant i.G.
Erster Kommodore des NJG 1 Juni 1940 - Juni 1943

Hans-Dieter Frank
Ritterkreuz 20.06.1943 bei 2./NJG 1
Eichenlaub 02.03.1944 bei I./NJG 1
Gefallen am 27.09.1943 bei Celle
Letzter Dienstgrad: Major p.m.

Wilhelm Gänsler
Stabs Staffel IV./NJG 1
Ritterkreuz 27.07.1944
Letzter Dienstgrad: Oberfeldwebel

August Geiger
Ritterkreuz 22.05.1943 bei 7./NJG 1
Eichenlaub 02.03.1944 bei III./NJG 1
Gefallen am 29.09.1943 über dem Ijsselmeer, Holland
Letzter Dienstgrad: Hauptmann

Paul Gildner
Ritterkreuz 09.07.1941 bei 4./NJG 1
Eichenlaub 26.02.1943 bei 4./NJG 1
Gefallen am 24.02.1943 bei Gilze, Holland
Letzter Dienstgrad: Oberleutnant

Hermann Greiner
Ritterkreuz 27.07.1944 bei 11./NJG 1
Eichenlaub 17.04.1945 bei IV./NJG.1
Letzter Dienstgrad: Hauptmann

Grimm, Heinz
Ritterkreuz 05.02.1944 bei IV./NJG 1
Verstorben am 13.10.1943 im Laz. Bremen
Letzter Dienstgrad: Leutnant

Johannes Hager
Ritterkreuz 12.03.1945 bei II./NJG 1
Letzter Dienstgrad: Hauptmann

Erich Handke
Ritterkreuz 27.07.1944 bei IV./NJG 1
Letzter Dienstgrad: Fahnenjunker-Oberfeldwebel

Hans-Joachim Jabs
Ritterkreuz 01.10.1940 bei II./ZG 76
Eichenlaub 24.03.1944 bei IV./NJG 1
Letzter Dienstgrad: Hauptmann

Reinhold Knacke
Ritterkreuz 01.07.1942 bei 3./NJG 1
Eichenlaub 05.02.1943 bei 3./NJG 1
Gefallen am 03.02.43 Achterveld, Holland
Letzter Dienstgrad: Hauptmann

Fritz Lau
Ritterkreuz 28.04.1945 bei 4./NJG 1
Letzter Dienstgrad: Hauptmann

Lent, Helmut (im Bild nur mit RK)
Ritterkreuz 30.08.1941 bei 6./NJG 1
Eichenlaub 06.06.1942 bei II./NJG 2
Schwerter 02.08.1943 bei IV./NJG 1
Brillanten 31.07.1944 bei NJG 3
Verunglückt am 07.10.1944 Paderborn als Kommodore
Letzter Dienstgrad: Oberst p.m.

Am 05.10.1944 stürzt Oberst Helmut Lent bei Paderborn ab und verstirbt am 07.10.1944 im Lazarett. Mit ihm finden sein Bordfunker Kubisch sowie Oberleutnant Klöß und der Kriegsberichter Leutnant Kark den Tod.

Die Totenwache am Sarg von Helmut Lent halten Jabs, Schönert, Hadeball, Radusch und Streinig.

Helmut Lent (im Bild mit Brillanten)

Lothar Linke
Ritterkreuz 19.09.1943 bei 12./NJG 1
Gefallen am 14.04.1943 über Holland
Letzter Dienstgrad: Oberleutnant

Herbert Lütje (im Urlaub 1943) Ritterkreuz 01.06.1943 bei 8./NJG 1
Eichenlaub 17.04.1945 bei NJG 6 als Kommodore
Letzter Dienstgrad: Oberstleutnant

Manfred Meurer
Ritterkreuz 16.04.1943 bei 3./NJG 1
Eichenlaub 02.08.1943 bei 3./NJG 1
Gefallen am 21.01.1944 über Magdeburg
Letzter Dienstgrad: Hauptmann

Bordfunker Ofw.Scheibe und Hauptmann Meurer.
Im Hintergrund sind Teile
einer Lancaster als Trophäe.

Ernst-Wilhelm Modrow
Ritterkreuz 19.08.1944 bei 1./NJG 1
Letzter Dienstgrad: Major

Friedrich Rumpelhardt
Ritterkreuz 27.07.1944 bei IV./NJG 1
Letzter Dienstgrad: Leutnant

Gerhard Scheibe
Ritterkreuz 10.12.1943 bei I./NJG 1
Gefallen am 21.01.1944 über Magdeburg
Letzter Dienstgrad: Oberfeldwebel

Karl-Heinz Scherfling
Ritterkreuz 08.04.1944 bei 12./NJG 1
Gefallen am 21.07.1944 über Mol, Belgien
Letzter Dienstgrad: Oberfeldwebel

Dietrich Schmidt
Ritterkreuz 27.07.1944 bei 8./NJG 1
Letzter Dienstgrad: Hauptman

Heinz-Wolfgang Schnaufer
Ritterkreuz 31.12.1943 bei 12./NJG 1
Eichenlaub 24.06.1944 bei IV./NJG 1
Schwerter 03.08.1944 bei IV./NJG 1
Brillanten 16.10.1944 bei IV./NJG 1
Letzter Dienstgrad: Major

Werner Streib (im Bild nur mit RK)
Ritterkreuz 06.10.1940 bei 2./NJG 1
Eichenlaub 26.02.1943 bei I./NJG 1
Schwerter am 11.03.1944 bei NJG 1 als Kommodore
Letzter Dienstgrad: Oberst

Streib, Werner (mit Schwertern)
Ritterkreuz 06.10.1940 bei 2./NJG 1
Eichenlaub 26.02.1943 bei I./NJG 1
Schwerter 11.03.1944 bei NJG 1 als Kommodore
Letzter Dienstgrad: Oberst

Streib und Lent waren wichtige Führernaturen in der Nachtjagd und pflegten regen Kontakt.

Rudolf Sigmund
Ritterkreuz 02.08.1943 bei 11./NJG 1
Gefallen am 03.10.1943 über Kassel durch eigene Flak
Letzter Dienstgrad: Hauptmann

Heinz Strüning
Ritterkreuz 29.10.1942 bei 3./NJG 1
Eichenlaub 20.07.1944 bei 3./NJG 1
Gefallen am 24.12.1944 bei Werl
Letzter Dienstgrad: Hauptmann

Heinz Vinke
Ritterkreuz 19.09.1943 bei 11./NJG 1
Eichenlaub 25.04.1944 bei 11./NJG 1
Gefallen am 26.02.1944 über dem Kanal
Letzter Dienstgrad: Oberfeldwebel

Erich Weißflog
Ritterkreuz am 24.06.1944 bei NJG 1
Letzter Dienstgrad: Oberleutnant

Weitere wichtige Persönlichkeiten der deutschen Nachtjagd

General Josef Kammhuber stellte im Jahr 1940 die erste Nachtjagddivision auf und führte neue Nachtjagdverfahren ein. 1943 kommandierte er das XII. Fliegerkorps und wurde Inspekteur der Nachtjäger. Eine Auseinandersetzung mit der Luftwaffenführung führte zu seiner Abschiebung nach Norwegen zur Luftflotte 5. Ritterkreuz am 09.07.1940 als Generalmajor.

Oberst HERRMANN

Major Prinz zu SAYN - WITTGENSTEIN †

In dankbarer Würdigung ihres heldenhaften Einsatzes im Kampf um die Zukunft unseres Volkes verlieh der Führer dem Oberst Hajo Herrmann, Inspekteur in der deutschen Luftverteidigung, als 43. Soldaten, und an Major Prinz zu Sayn-Wittgenstein, Kommodore eines Nachtjagdgeschwaders, als 44. Soldaten der deutschen Wehrmacht das

EICHENLAUB MIT SCHWERTERN ZUM RITTERKREUZ DES EISERNEN KREUZES

Oberst Hajo Herrmann ist der Schöpfer neuer Methoden im Einsatz der Nachtjäger gegen die britischen Terrorbomber, Prinz zu Sayn-Wittgenstein fand im nächtlichen Kampf bei seinem 83. Nachtjagdsieg nach Vernichtung von fünf britischen Bombern den Heldentod

„Der Adler" berichtet über die Schwerter für Hajo Herrmann und den Tod von Prinz zu Sayn-Wittgenstein.

Hajo Herrmann
Ritterkreuz 13.10.1940 bei 7./KG 4
Eichenlaub 02.08.1943 bei JG 300 als Kommodore
Schwerter 23.01.1944 als Insp. der Luftverteidigung
Letzter Dienstgrad: Oberst

Heinrich Prinz zu Sayn-Wittgenstein
Ritterkreuz 07.10.1942 bei 9./NJG 2
Eichenlaub 31.08.1943 bei IV./NJG 5
Schwerter 23.01.1944 bei NJG 2 als Kommodore
Letzter Dienstgrad: Major

Wilhelm Herget
Ritterkreuz 20.06.1943 bei 1./NJG 4
Eichenlaub 11.04.1944 bei 1./NJG 4
Letzter Dienstgrad: Major

Egmont Prinz zu Lippe-Weißenfeld
Ritterkreuz 16.04.1942 bei 5./NJG 2
Eichenlaub 02.08.1943 bei III./NJG 1
Gefallen am 12.03.1944 bei St. Hubert, Belgien
Letzter Dienstgrad: Major

Heinz Rökker
Ritterkreuz 27.07.1944 bei 2./NJG 2
Eichenlaub 12.03.1945 bei 2./NJG 2
Letzter Dienstgrad: Hauptmann

Walter Kubisch
Ritterkreuz 31.12.1943 bei Stab NJG 3
Verstorben am 06.10.1944 im Lazarett
Paderborn nach Flugunfall
Letzter Dienstgrad: Oberfeldwebel

General Kammhuber mit dem frisch ausgezeichneten Hans Hahn am 09.07.1941, Hahn fiel kurz darauf am 11.10.1940 bei Nottingham.

Reinhard Kollak
Ritterkreuz 29.08.1943 bei 7./NJG 4
Letzter Dienstgrad: Oberfeldwebel

Ludwig Meister
Ritterkreuz 09.06.1944 bei 1./NJG 4
Letzter Dienstgrad: Hauptmann

Als „Radar-Experte“ spielte
General Martini im Kampf gegen die
Bomberverbände eine wichtige Rolle.

Führung mit seinem SN 2 und brachte sie in knapp 14 Minuten an den Feind heran. Es war genau 20.40 Uhr, als Schnaufer den ersten Bomber angriff. Sofort erhielt er Feuer, weil er zu ungestüm heranging. Er riss sich zusammen. Er musste kaltblütig bleiben, wenn er den Feind besiegen wollte.

Der erste Gegner fiel nach zwei Salven der schrägen Musik vom Himmel. Die über den Bombern fliegenden schnellen Begleitjäger hatten noch nichts davon bemerkt, dass ein Nachtjäger sich in den Bomberpulk hineingemogelt hatte.

Der zweite Gegner wurde schulgerecht angegriffen und vom Himmel heruntergeschossen. Sie mussten dem von links kommenden Feindfeuer einiger Bomber ausweichen, zogen nach rechts weg und „versteckten" sich hinter dem Bomberpulk, den sie umrundet hatten.

Wieder einscherend, kamen sie bis auf 100 Meter an den dritten Gegner heran. Sie verfolgten ihn mindestens fünf Minuten lang, denn dessen Pilot unternahm den berüchtigten Korkenzieher. Doch dann stießen sie vor und schossen mit den Geradeauswaffen. Gänsler beteiligte sich an dem Feuer auf eine Vierte halbrechts vor ihnen fliegende Maschine. In dem Augenblick, als Schnaufers dritter Nachtjagdsieg fällig war, traf Gänslers Waffe den vierten Gegner, der in einer himmelansteigenden Explosionskaskade auseinanderbrach und zwei oder drei andere Bomber mit seinen Trümmern überschüttete, sodass die Bomberformation sich auflösen musste.

„Das war Nummer vier Herr Major", rief Rumpelhardt. „Und der fünfte folgt sogleich", zitierte Schnaufer und drehte wieder auf Volllast, sodass der Nachtjäger wie ein Falke unter den nächsten Pulk der „Tauben" stieß, die gar nicht so friedfertig waren, wie ihre Bombenlasten zeigten, die sie geladen hatten.

Die Feuerstöße durchlöcherten die Treibstofftanks der Lancaster und Schnaufer riss seine Bf 110 hart zur Seite, um nicht von dem ausströmenden und wie ein Schleier hinter dem Bomber herwehenden Benzinstrom erfasst zu werden und möglicherweise auch in Brand zu geraten. Über alles in Flammen gehüllt – von seinen Kameraden fluchtartig nach rechts und links verlassen – flog der Bomber brennend weiter. Sie sahen Fallschirme, die in Flammen aufgingen und wussten, das hier ein Entkommen für die zehnköpfige Besatzung leider nicht mehr möglich war.

Sie hatten fünf Gegner abgeschossen und Schnaufer wollte nicht aufgeben und zurückfliegen, denn noch war Munition vorhanden und die Maschine gehorchte mühelos dem Druck des Knüppels und der Ruder.

Kurz darauf wurden sie von herabstoßenden Feindjägern abgedrängt, arbeiteten sich wieder heran und stießen dann von unten her in sanftem Steigflug hoch und landeten genau unter dem dicken Bauch des sechsten Bombers. Die Feuerstöße trafen den Bomber in den unteren Bug und als der Heckschütze desselben das Feuer eröffnete, befand sich der Bomber bereits im Sturzflug zur Erde, wo er in einer Aufschlagexplosion auseinanderplatzte.

„Rückflug, Herr Major?“, fragte Rumpelhardt, als die Benzinanzeige in Rot zu leuchten begann.

„Wir haben noch fünf Minuten. Wie sieht es aus?“

„Zacken halbrechts vor uns. Entfernung 1.000 Meter.“

„Dann ist er noch greifbar.“, antwortete Schnaufer, legte Fahrt zu und jagte dem für ihn noch unsichtbaren Gegner entgegen. Dann sah auch er ihn und beschleunigte noch einmal. Sie kamen für diesen Gegner zu schnell heran. Als der Heckschütze feuerte, waren sie bereits aus seinem Einwirkbereich hinausgelangt.

Noch 80 Meter noch siebzig, dann 50 Meter! Die beiden 2 cm-Kanonen spuckten ihre Stahlkerne aus, die sich in die rechte Fläche und den rechten Außenmotor bohrten und letzteren in Brand setzten. Der Bomber schor in einer weiten Kurve aus seinem Verband aus und Schnaufer folgte, um ihn, der wieder in die Horizontallage gegangen war, mit den Direktwaffen herunterzuholen. Sie erhielten Feuer von zwei Seiten, die Geschosse klackerten durch die Zelle.

Dann schoss auch Schnaufer. Gänsler fiel in das Feuer ein. Der Bomber explodierte und die Kurve vollendend nahm Schnaufer Kurs auf den

Heimathorst. 19 Minuten hatte dieser zweite Einsatz vom ersten bis zum siebten Abschuss gedauert.

Als Schnaufer gelandet war und seine Meldung gemacht hatte, stand fest, dass er an diesem 21. Februar kurz nach Mitternacht aus zurückkehrenden Bomberpulks und am Abend desselben Tages noch vor Mitternacht zum 22. Februar aus erneut angreifenden Formationen insgesamt neun Lancaster-Bomber herausgeschossen hatte. Das war eine einsame Leistung und wurde entsprechend gefeiert.

In den nächsten Wochen gelang es Heinz-Wolfgang Schnaufer noch einige Feindbomber abzuschießen, auch wenn er die meiste Zeit auf dem Boden bleiben musste. Ganzen Gruppen war dieses Schicksal beschieden, aus Benzin- und Munitionsmangel nicht eingreifen zu können.

In den nächsten Wochen kam es nur noch zu wenigen Starts des Nachtjagdgeschwaders 4. Dabei zeichnete sich Major Schnaufer noch einige Male besonders aus und schraubte sein Abschusskonto auf insgesamt 121 viermotorige Bomber herauf, die er sämtlich in Nachtjagden überwand. Er hatte mit seinem letzten, dem 121. Erfolg, zugleich seinen 164. Feindflug absolviert.

Immer häufiger hatten Spritmangel und der Mangel an Munition die Starts der Nachtjäger verhindert, sodass es nunmehr für die RAF und die Tageseinsätze der USAAF ein Kinderspiel wurde, das deutsche Reichsgebiet zu überfliegen und ungehindert ihre Bomben zu werfen. Hinzu kam noch, dass die Zahl der Nachtjäger auf ein Viertel des Sollbestandes abgesunken war.

Die deutschen Nachtjäger hatten ebensowenig wie die Tagjäger verhindern können, dass die deutschen Städte buchstäblich bis zum vorletzten Kriegstag – als seit Monaten das bevorstehende Ende bereits feststand – weiter sinnlos zerstört und die Zivilbevölkerung getötet wurde.

Die von Westen aus ins Reich einrückenden US-Verbände des Heeres fanden auf den ehemaligen verlassenen Jägerhorsten alle jene Maschinen, die hatten gesprengt werden müssen, weil sie nicht mehr repariert werden konnten. Aber auch einsatzbereite Nachtjäger wurden vorgefunden. Sein letzter Doppelerfolg gelang ihm, als er in einem letzten Aufbäumen als einer unter über 100 Nachtjägern gegen den britischen Bomberverband startete, der in der Nacht vom 3. auf den 4. März die Werke für synthetischen Treibstoff bei Kamen angriff. Es gelang noch einmal, insgesamt 19 britische Bomber abzuschießen.

Am 7. März kam er beim Angriff von 1.107 britischen Bombern die auf Dortmund 4.851 Tonnen Bomben warfen, zum Ansatz und schoss noch einmal 3 Bomber ab. In der Nacht zum 25. März ging es gegen 606 Bomber der RAF, die Münster, Osnabrück und Hannover zum Ziel genommen hatten. Schnaufer kam jedoch nicht an den Verband heran.

Im März 1945 erprobte Heinz-Wolfgang Schnaufer noch die neue Do 335 „Pfeil" für den Nachtjagdeinsatz. Diese schnelle Maschine wäre bei rechtzeitiger Auslieferung an die Truppe ein guter Langstrecken-Nachtjäger geworden, denn sie verfügte über eine Geschwindigkeit von 800 Stundenkilometern.

Auch sie war zunächst als Schnellbomber geplant. Ihr Prototyp, die Do 335 V-1, flog im Sommer 1943 zum ersten Mal und ging danach nach Rechlin zur Flugzeugerprobung. Nach einigem Hin und Her einigte man sich dahin, die Do 335 A-1 als Tagjäger und Jagdbomber einzusetzen. Mit der Do 335 V-10 stand schließlich 1944 der Prototyp für eine geplante Nachtjagd-Flugzeugserie zur Verfügung. Es war geplant, sie mit zwei 30 mm-MK 103 und zwei MG 151/20, sowie einer MK 103 Motorkanone im Bug auszustatten. Major Schnaufer bestätigte die großartigen Flugeigenschaften dieser Maschine. Zu einer Serienfertigung kam es jedoch nicht mehr.

Den letzten Einsatz flog Major Schnaufer am 9. April 1945. Er startete dazu in Faßberg nach Norden, als die RAF sich anschickte Kiel mit Bomben zu belegen. Dabei verfolgte er lange Zeit eine Lancaster, wurde jedoch zweimal von Begleitjägern abgedrängt. So entkam ihm dieser Gegner, welcher der 122. in seiner Liste hätte werden sollen.

Am 19. April 1945 übernahm er den Platzschutz in Eggebeck, um die Überführung eines Teiles seines Geschwaders nach Faßberg zu sichern. Dies war Schnaufers letzter Start. Es war ein letztes vergebliches

Aufbäumen, aber Heinz-Wolfgang Schnaufer wollte die Menschen in Deutschland nicht im Stich lassen. So kämpfte er fast bis zum letzten Tage, um am 8. Mai 1945 den letzten Tagesbefehl an sein Geschwader zu erlassen und es aufzulösen.

Der letzte Tagesbefehl

Gefechtsstand, 8. Mai 1945

„An mein bewährtes Nachtjagdgeschwader 4

Männer meines Geschwaders!

Der Feind ist in unserem Land. Unsere stolzen Flugzeuge sind übergeben. Deutschland ist besetzt und hat bedingungslos kapituliert. Kameraden, diese niederschmetternde Tatsache treibt uns die Tränen in die Augen. Die Zukunft liegt undurchsichtig und unerbittlich vor uns, sie kann uns nur Kummer und Schmerz bringen.

Etwas aber wird in uns, meine Männer, ewig fortleben: Die Tradition unseres Geschwaders und unsere Leistungen!
Diese Tradition wird uns dann das nötige Rückgrat geben, wenn wir erniedrigt werden sollen. Sie wird uns aufrichten und lässt uns klaren und stolzen Blickes in die Zukunft schauen. Noch einmal will ich Euch den Werdegang unseres ruhmreichen und vom Feind gefürchteten Geschwaders ins Gedächtnis zurückrufen.

Der Grundstein des Geschwaders wurde am 18. April 1941 gelegt, als Major Stoltenhoff die Aufgabe erhalten hatte das Geschwader in Metz aufzustellen. Die vier Gruppen wurden im Laufe des Jahres 1942 aus Abgaben der bereits bestehenden Nachtjagdgeschwader formiert.

Sie waren mit Me 110, Do 217 und Ju 88 ausgestattet. Die II. Gruppe sollte bereits am 12. November 1941 in Laupheim aufgestellt werden. Allerdings mussten im Spätherbst 1941 die aufgestellten Teile der Gruppe außer der 4. Staffel dem Zerstörergeschwader 26 zugeführt werden. Genau vor drei Jahren, am 1. Mai 1942, erfolgte dann die Aufstellung des gesamten Nachtgeschwaders 4 mit der Aufgabe, zunächst Süddeutschland vor den beginnenden Nacht-Großangriffen zu schützen. Mainz-Finthen, Laupheim, Jouvincourt und Laon-Athies waren zunächst unsere Liegeplätze; hinzu kamen 1943 noch Florennes, St. Dizier und Coulommières. Doch wir brauchen unseren Werdegang nicht nur durch leere Namen festlegen. Dort, wo wir Nacht für Nacht aufstiegen, ist der Boden Frankreichs und Süddeutschlands mit vielen kleinen Narben bedeckt, von den Aufschlagbränden der von uns abgeschossenen Großbomber.

579 Bomber, also drei vollständige Bomberdivisionen wurden vom Nachtjagdgeschwader 4 in harten Luftkämpfen und unter den allerschwierigsten Bedingungen abgeschossen. Erfolgreiche Nachtkampfeinsätze bei jedem Wetter auf Avranches, auf Nijmwegen, auf Kraftfahrzeugkolonnen und auf Eisenbahnwagen im Hinterland haben den Feind Hunderte von Kraftfahrzeugen und Lokomotiven gekostet. Deshalb haben die Namen „Wildvogel" und „Wirbel" für uns einen guten Klang. Die Fernjagd über England war einer der letzten Schläge unseres Geschwaders. Die Zerstörung der Pontonbrücke bei Wesel bedeutete für uns einen würdigen Abschluss unseres ruhmreichen, harten Kampfes.

Kameraden, diese großen Erfolge sind nur durch Eure unerschütterliche Haltung, durch Euren Fleiß und durch Euren Glauben an Deutschland erzielt worden. Es hat durch die harten Schläge der gegnerischen Luftwaffe oft nicht viel daran gefehlt, dass auch unser Verband unter der erdrückenden

Materialwalze zusammengebrochen wäre, aber wir haben uns nach allen Schlägen immer wieder aufgerichtet und haben, mit einer verbissenen Wut, bis zuletzt ebenso hart zurückgeschlagen. Dieser ungleiche Kampf hat von uns schwere Opfer gefordert. 102 fliegende Besatzungen mit 400 Offizieren, Unteroffizieren und Mannschaften kehrten nicht mehr zurück, fielen in treuer Pflichterfüllung teils im Erdkampf, teils bei der Abwehr feindlicher Luftangriffe. Sie haben für Deutschland und unser Geschwader alles gegeben und haben das Recht, von uns in diesem Augenblick zu fordern, dass wir anständige und gerade deutsche Männer bleiben.

Mit einem Gefühl der Wehmut – aber auch dem des Stolzes – verabschiede ich mich heute von meinem Geschwader und danke Euch allen für das Vertrauen, das Ihr mir in Krisenzeiten entgegengebracht habt. Wenn Ihr nun wieder in einem anderen Deutschland schwere Arbeit leisten müsst, so könnt Ihr, meine Männer vom Nachtjagdgeschwader 4, das Gefühl in Euch tragen, dass ihr alles Menschenmögliche getan habt, um diesen Krieg für Deutschland zu gewinnen.

Es lebe unser geliebtes Vaterland!

gez. Schnaufer

Geschwaderkommodore Nachtjagdgeschwader 4.“

Nach der Kapitulation wollte die britische Luftwaffenführung Schnaufer über seine Einsätze, seine Taktik und Technik befragen. Er wurde gemeinsam mit einer Gruppe führender deutscher Jagdflieger nach England geschafft. Die Engländer nahmen auch seine Bf 110 mit.

Diese historische Maschine mit ihren 121 Abschussstrichen am Leitwerk wurde nach England geschafft und im Hydepark aufgestellt! Ein Schild sagte den staunenden Londonern, um welche Maschine es sich handelte. Sie lasen:

„Diese Messerschmitt 110-Maschine flog der erfolgreichste Nachtjäger der Welt, der 23-jährige Major der deutschen Luftwaffe, Heinz-Wolfgang Schnaufer.“

Sie wurde dort viele Wochen lang bestaunt. Danach kam das Leitwerk ins Imperial War Museum zu London, wo es noch heute zu sehen ist.

Die Nachkriegszeit Schnaufers in Kurzdaten

Nachdem Heinz-Wolfgang Schnaufer den Krieg mit seinen 164 Nachtkampfeinsätzen beendet hatte, von denen jeder den Tod bedeuten konnte, nachdem er den feindlichen Bombern, den feindlichen Nachtjägern und der eigenen Flak immer wieder getrotzt hatte und stets entkommen war, kehrte er 1946 aus England nach Deutschland zurück. Er war erst 24 Jahre, das ganze Leben lag noch vor ihm.

Nach seiner Rückkehr baute er die Firma seiner Eltern zu einem angesehenen mittleren Betrieb aus, der sich binnen zweier Jahre entwickelte. Wer auch immer von seinem Geschwader bei ihm anklopfte, sei es ein Offizierskamerad oder einer der „schwarzen Männer der Bodendienste“ alle fanden bei Schnaufer ein offenes Ohr und stets einen Arbeitsplatz, wenn sie einen wollten.

Trotz aller Diffamierungen genoss Heinz-Wolfgang Schnaufer das Ansehen der Mehrzahl der Bewohner seiner engeren Heimat. Er schuftete wie ein Pferd und zeigte sich auch hier als eiserner Arbeiter, der seiner Heimatgemeinde und deren Mitgliedern Arbeit und Lohn bot. Sehr bald konnte er sich eines der neuesten Autos leisten und seine Geschäftsreisen in der alten Manier eines Fliegers absolvieren.

Vier Jahre später, am 13. Juli 1950, Schnaufer war 28 Jahre alt, fuhr er mit seinem Mercedes Cabriolet in zügiger Fahrt von Biarritz nach Bordeaux, als ein Lastwagen aus einer Seitenstraße kommend, auf die Schnellstraße einbog, die Schnaufer befuhr. Schnaufer trat auf die Bremse. Er schleuderte zur Seite, als er diesem Lastwagen auszuweichen versuchte. Dann stießen beide Fahrzeuge mit fürchterlichem Krachen gegeneinander. Der Mercedes überschlug sich, Schnaufer wurde hinausgeschleudert und landete im Straßengraben. Er war durch den Unfall selbst nicht sehr schwer verletzt worden, jedoch eine ganze Lawine von Gas-Flaschen, die der Lastwagen geladen hatte, begrub ihn unter sich. Die Stahlflaschen zerschmetterten ihm fast alle Knochen.

48 Stunden kämpfte Heinz-Wolfgang Schnaufer in einem französischen Krankenhaus um sein Überleben. Am 15. Juli 1950 verstarb der erfolgreichste Nachtjäger aller Zeiten und aller Nationen.

Niemand im Krankenhaus wusste davon, dass er das „Nachtgespenst von St. Trond“ war, der hier sein Leben aushauchte.

Für die Ärzte war er ein junger Deutscher, der das Unglück hatte, unverschuldet in einen Verkehrsunfall verwickelt zu werden und durch die besonderen Umstände dieses Unfalles zu Tode zu kommen.

Drei Jahre lang hatten viele Hundert gegnerische Soldaten mit einer Unzahl an Waffen versucht, Heinz-Wolfgang Schnaufer vom Himmel herunterzuholen, was ihnen aber nicht gelang. Der unbekannte Lastwagenfahrer auf Frankreichs Straßen hatte es geschafft!

Heinz-Wolfgang Schnaufer

Geboren/Verstorben:
Geboren:16. Februar 1922 in Calw/Württemberg
Verstorben: 15. Juli 1950. Am 13. Juli 1950 verunglückte Heinz-Wolfgang Schnaufer in Frankreich ohne eigenes Verschulden mit seinem Kraftwagen und erlag am 15. Juli 1950 seinen schweren Verletzungen. Ein LKW, der mit Gasbehältern geladen war, hatte ihm die Vorfahrt genommen. Nach der Kollision wurde er von herabfallenden Gasbehältern getroffen.
Letzter Dienstgrad/Letzte Dienststellung:
Letzter Dienstgrad: Major
Letzte Dienststellung: Kommodore des Nachtjagdgeschwaders IV
Beförderungen:
Am 1. April 1941 zum Leutnant
Im Juli 1943 zum Oberleutnant
Am 1. Mai 1944 zum Hauptmann
Am 1. Dezember 1944 zum Major
Auszeichnungen:
Ritterkreuz am 31. Dezember 1943 als Oberleutnant nach 42 Nachtjagdabschüssen.
507. Eichenlaub zum Ritterkreuz am 24. Juni 1944 als Hauptmann und Gruppenkommandeur der IV./Nachtjagdgeschwader 1 nach 84 Nachtjagdabschüssen
84. Schwerter am 30. Juli 1944 als Hauptmann und Kommandeur der IV./Nachtjagdgeschwader 1 nach 89 Nachtjagdabschüssen
21. Brillanten am 16. Oktober 1944 als Hauptmann und Kommandeur der IV./Nachtjagdgeschwader 1 nach dem 100. Nachtjagdsieg
Ehrenpokal der Luftwaffe am 26. Juli 1943
Deutsches Kreuz in Gold 16. August 1943
Eisernes Kreuz 2. Klasse am 2. Juni 1942
Eisernes Kreuz 1. Klasse im August/September 1942

Frontflugspange für Nachtjäger in Gold
Verwundetenabzeichen in Bronze

Feindflüge/Abschusserfolge/Spitzenplatz:

Feindflüge: 164 Jagdeinsätze

Abschusserfolge: 121 Nachtabschüsse, darin enthalten 114 Viermot-Bomber

Spitzenplatz: Heinz-Wolfgang Schnaufer ist der erfolgreichste Nachtjäger aller Zeiten.

Anlage

Nachtjagd: Taktiken, Verfahren und Verbände

Am 17. Juli 1940 hatte Reichsmarschall Göring den 43-jährigen Oberst Josef Kammhuber mit dem Aufbau eines Nachtabwehrsystems gegen einfliegende Feindbomberverbände beauftragt. Oberst Kammhuber stand mit General Wolfgang Martini, dem Chef des Nachrichtenverbindungswesens der Luftwaffe, ein Experte zur Seite, der die nachrichtentechnischen Dinge dieses Abwehrsystems meistern sollte. Im Oktober 1940 meldete Oberst Kammhuber, dass das erste Abwehrsystem bereitstehe. Er hatte zwei völlig verschiedene Einsatzarten für die Nachtjagd entwickelt, die defensive nahe Nachtjagd in bestimmten Räumen an der deutschen Westgrenze und die offensive Fernnachtjagd gegen die Einsatzhäfen der britischen Bomber in England.

Die nahe oder helle Nachtjagd

Teil der nahen Nachtjagd war der Einsatz vieler Scheinwerfer-Batterien in jenen Zonen, die als Einflugschneisen des Gegners bekannt waren. Diese Nachtjagd-Zonen wurden den Flakzonen vorgelagert, damit die deutschen Jäger nicht in den Feuerbereich der eigenen Flak gerieten. Das Scheinwerferregiment 1 unter Oberstleutnant Fichter wurde auf Zusammenarbeit mit den ersten Nachtjäger-Verbänden angewiesen. Westlich von Münster gingen diese Scheinwerfer mit ihren Horchgruppen in einem zunächst noch schmalen Riegel in Stellung. Als der Gegner versuchte, diesen Riegel zu umfliegen, weitete Kammhuber ihn nach Norden und Süden aus. Er wuchs zu einer Breite von 35 km an und war dem Ruhrgebiet vorgelagert, das es vorerst besonders zu schützen galt. Die Nachtjäger selbst waren auf bestimmte Suchräume in dieser „hellen Zone“ verteilt. Hatten die Horchgeräte der Scheinwerfer-Batterien feindliche Bomber erfasst, versuchten die Scheinwerfer sie in ihren Lichtkegel zu bekommen. Die nach den Horchmeldungen aufgestiegenen Jäger konnten dann die Feindbomber sehen, sie angreifen und abschießen. Nach anfänglichen Schwächen wurde diese helle Nachtjagd immer erfolgreicher. Doch sie reichte allein nicht aus. Immer wieder gelang es einzelnen Bombern und kleinen Pulks, dem Scheinwerferriegel auszuweichen, selbst dann noch, als dieser von der Nordsee bis nach Metz reichte. Aus mehreren Stellungen und Jägerleitstellen formte Generalmajor Kammhuber einen Nachtjagdraum. Mehrere Nachtjagdräume wurden zu einer Division zusammengefasst. Für diese Divisionen entstanden in Deelen, Metz und Schleißheim Gefechtsbunker, von denen aus die Nachtjäger geführt wurden.

Die Scheinwerfer-Regimenter

Sechs Scheinwerfer-Regimenter standen im Einsatz, als Hitler selbst im Frühjahr 1942 das Spinnennetz zerriss, in dem sich die englischen Bomber verfangen sollten. Nach den britischen Großangriffen auf deutsche Städte forderten die Gauleiter und andere Politiker die Rückführung aller Scheinwerfer in die Nähe der Städte, damit sie dort der Flak zur Verfügung standen. Hitler beugte sich ihren Forderungen. Die Entwicklung der Nachtjagd, die nun erst hätte anbrechen müssen, war gestoppt. Dass die Sicherung der deutschen Städte und Fabrikationsanlagen weit voraus geschehen musste, leuchtete Hitler und seinen engen Beratern nicht ein. Hätte Kammhuber seine Vorstellungen von einem kompakten Sicherheitsriegel verwirklichen können, wäre für alle einfliegenden Bomberverbände eine Verlustrate von mindestens 6 % entstanden. Dies hätte höchstwahrscheinlich die soeben anlaufende Luftoffensive der RAF im Verein mit der 8. USAAF zum Stillstand gebracht, bevor sie entscheidende Bedeutung erlangt hatte. Nach den großen Erfolgen der Nachtjagd zu Ende 1941 wurde diese Abweisung der Konzeption Kammhubers ein herber Schlag für die junge Waffe. Die Rechtfertigung des Abzugs der Scheinwerferbatterien mit der Begründung, dass das deutsche Frühwarnsystem und seine radargesteuerten Hilfsgeräte für die Nachtjagd als Hilfsmittel ausreichen würden, erwies sich in der Folgezeit als unrealistisch und wuchs sich zur Katastrophe für die „Heimatfront" aus.

Die ferne Nachtjagd

Die Fernnachtjagd war zunächst Aufgabe der I. Gruppe des Nachtjagdgeschwaders 2 (I./Nachtjagdgeschwader 2) unter Hauptmann Hülshoff auf dem Fliegerhorst Gilze Rijn in Holland. Der Auftrag lautete, die Feindbomber bereits in England abzufangen bzw. die aufsteigenden Staffeln zu stören. Das Angriffsgebiet wurde in drei Nachtjagdräume aufgeteilt: East Anglia, Lincolnshire und Yorkshire. Dort befanden sich die meisten Flugplätze des Bomber Command, und dorthin flogen die Nachtjäger in Einzeleinsätzen oder in kleinen Pulks. General Kammhuber erklärte die Art der Jagd folgendermaßen:

„Wenn ich ein Wespennest ausräuchern will, dann greife ich nicht die einzelnen umher schwirrenden Insekten an, sondern die Schlupflöcher, während alle noch im Nest sind."

Nach diesem Motto griffen die Nachtjäger nach den Meldungen der Funkhorchabteilung West in Brest alle Flugplätze an, von denen Vorbereitungen zum Feindflug gemeldet wurden. Die einzelnen Squadrons des Bomber-Command stimmten die Sender ihrer Maschinen immer vor dem Start auf die Empfänger der Bodenstellen ab. Dadurch konnte ermittelt werden, welche Staffel startete und wie viele Flugzeuge es waren.

Reichsmarschall Göring hatte bereits am 10. Dezember 1940 zugesagt, dass die bisher bestehende einzige Fernnachtjagd-Gruppe auf drei Geschwader Nachtjäger ausgebaut werde. Doch dazu kam es nicht. Die

Kräfte, die für die Fernnachtjagd zur Verfügung standen, waren nach wie vor jene 20 bis 30 Maschinen der I./Nachtjagdgeschwader 2. Diese hatten bis zum 20. August 1941 nicht weniger als 137 Feindflugzeuge abgeschossen.

Im Oktober 1941 wurde die Fernnachtjagd auf Befehl Hitlers mit der Begründung eingestellt, die Kräfte würden jetzt im Mittelmeerraum benötigt. Damit waren Kammhuber die schärfsten Waffen im Kampf gegen feindliche Bomber aus der Hand geschlagen.

Die »Wilde Sau«

Major Hajo Herrmann unterbreitete der Luftwaffenführung am 27. Juni 1943 den Vorschlag, die Bomberverbände durch einsitzige Jäger unter Ausnutzung aller Lichtquellen wie Scheinwerfer und Leuchtbomben, aber auch von Bränden und Auspuff-Flammen, anzugreifen und ihnen hohe Verluste beizubringen. Es handelte sich bei diesem „Wilde Sau"-Verfahren nicht mehr als um eine Notlösung, um mit dem zusätzlichen Einsatz von Tagjägern höhere Abschusszahlen zu erzielen. Dass dieses Verfahren erfolgreich war, konnte Herrmann und sein Verband mehrfach mit hohen Abschusszahlen beweisen. Allein im August 1943 entfielen 80 % der Abschüsse auf die freie Nachtjagd der „Wilden Sau". Der Rest fiel dem Bodenverfahren mit den Würzburg- bzw. Freya-Geräten zum Opfer.

Die Aufstellung der Verbände

Die Nachtjagdwaffe, die mit der Aufstellung des Nachtjagdgeschwader 1 am 26. Juni 1940 ihren Anfang genommen hatte, verfügte bis November 1941 nur über das Nachtjagdgeschwader 1 und die I./Nachtjagdgeschwader 2, von der oben berichtet wurde.

Am 1. November 1941 wurde aus dieser Gruppe und einer neuen

Das Arbeitspferd der Nachtjagd war von Anbeginn bis zum Ende der Nachtjagd die Messerschmitt Bf-110, meist Me 110 genannt. In zahlreichen Versionen flog sie von 1940 bis 1945 am nächtlichen Himmel über Europa.

Die Ju 88 war neben der Me 110 die meistgebaute Nachtjagdmaschine und bei den Besatzungen sehr beliebt. Es gab von der Ju 88 verschiedene Nachtjagdversionen. Hier eine Maschine des NJG 2.

Auch Dornier baute eine Nachtjagdmaschine auf Basis des mittleren Bombers Do-217. Von der Anzahl der eingesetzten Maschinen blieb sie jedoch weit hinter der Me 110 und Ju 88 zurück.

Als reine Nachtjagdmaschine konzipiert sollte die Heinkel He-219 ab 1943 die Me 110 und Ju 88 ablösen, jedoch in zu geringer Stückzahl gebaut, konnte sie ihre Fähigkeiten nicht voll zur Geltung bringen.

Eines der Ortungsgeräte, die während der „elektronischen Materialschlacht" zwischen 1941-45 für die Nachtjagd gebaut worden sind, war das „Lichtenstein-Gerät" mit Antennen am Bug einer Me 110.

Sogar die Me 262 „Schwalbe" wurde erprobungsweise als Nachtjäger eingesetzt, kam jedoch nicht mehr zum entscheidenden Einsatz.

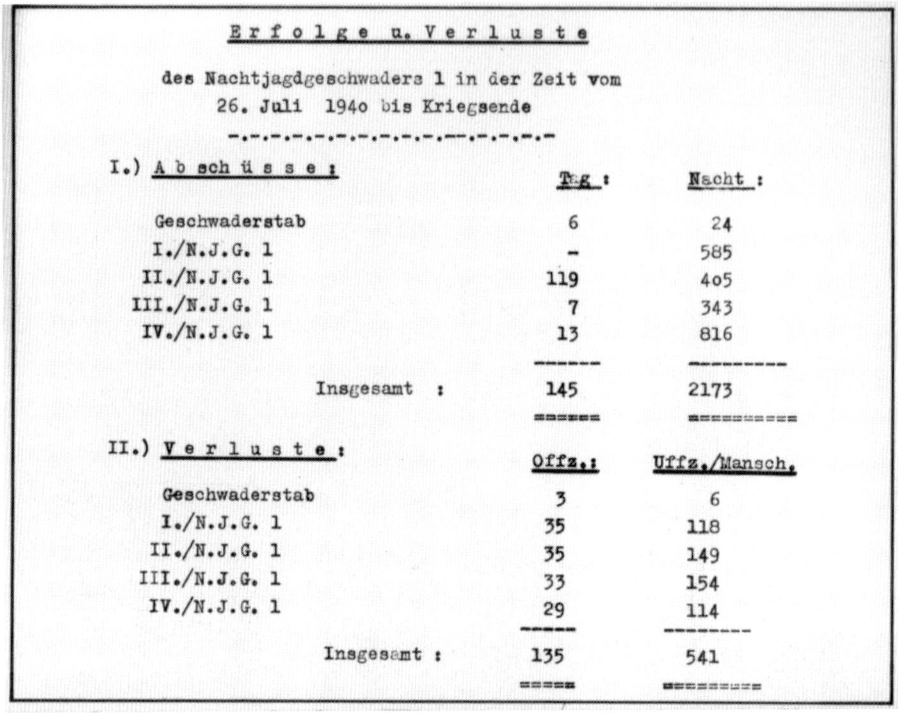

Erfolge u. Verluste

des Nachtjagdgeschwaders 1 in der Zeit vom
26. Juli 1940 bis Kriegsende

-.-.-.-.-.-.-.-.-.-.-.-.-.-.-

I.) **Abschüsse:**

	Tag:	Nacht:
Geschwaderstab	6	24
I./N.J.G. 1	-	585
II./N.J.G. 1	119	405
III./N.J.G. 1	7	343
IV./N.J.G. 1	13	816
Insgesamt :	145	2173

II.) **Verluste:**

	Offz.:	Uffz./Mansch.
Geschwaderstab	3	6
I./N.J.G. 1	35	118
II./N.J.G. 1	35	149
III./N.J.G. 1	33	154
IV./N.J.G. 1	29	114
Insgesamt :	135	541

Eine anschauliche Aufstellung von Erfolgen und Verlusten des NJG 1

Die Me 110 war bis Kriegsende als Nachtjäger im Einsatz und leistete gute Dienste, obwohl sie eigentlich als Zerstörer konzipiert worden war.

Das Leitwerk von Schnaufers Me110-G4 hat den Krieg überlebt und ist im Imperial War Museum in London zu besichtigen.

Wolfgang Schnaufer überlebte den Krieg und die Gefangenschaft. Bei einem tragischen Autounfall wurde er im Juli 1950 bei Bordeaux in Frankreich lebensgefährlich verletzt und erlag wenige Tage später seinen schweren Verletzungen.

II. Gruppe in Gilze Rijn das Nachtjagdgeschwader 2 aufgestellt. Die II. Gruppe flog von Leeuwarden aus erfolgreich Nachtjagd nach dem so genannten Himmelbett-Verfahren. Am 1. Oktober 1942 schied sie aus dem Geschwaderverband aus und wurde in IV./Nachtjagdgeschwader 1 umbenannt.

Im März 1942 erfolgte in Gilze Rijn die Aufstellung der III./Nachtjagdgeschwader 2, die nach Ausscheiden der II./Nachtjagdgeschwader 2 aus dem Geschwaderverband in II./Nachtjagdgeschwader 2 umbenannt wurde.

Die Pläne zur Aufstellung des Nachtjagdgeschwaders 3 wiederum reichten bis zum 29. März 1941 zurück. Die Aufstellung der I. Gruppe erfolgte am 1. Oktober 1940, die II. Gruppe folgte – nach Verlegung der ersten in den Mittelmeerraum – am 1. September 1941 aus einem Zerstörerverband. In einer Vielzahl an Umstellungen, Versetzungen und Schachtelungen entwickelte sich erst sehr spät ein Geschwaderverband. Im 3. Kriegsjahr standen zwar drei Nachtjagdgeschwader auf dem Papier, die jedoch weit davon entfernt waren, schlagkräftige Verbände zu sein. So wurde auch das Nachtjagdgeschwader 4 am 1. Mai 1942 in Rheine aufgestellt, nachdem der Grundstein am 18. April 1941 gelegt worden war, kam aber im 3. Kriegsjahr nicht mehr zum Einsatz.

In dieser Weise wurden auch die Nachtjagdgeschwader 5, 6, 7, die Nachtjagdgruppe 10 und zuletzt noch das Nachtjagdgeschwader 11 geraume Zeit später ins Leben gerufen, sodass sich nie mehr als eine Handvoll Maschinen der rapide wachsenden Zahl von Angreifern, zu der ab Sommer 1942 auch die 8. USAAF trat, entgegenwerfen konnten. Aus dem Nachtjagdgeschwader 1 wurde das XII. Fliegerkorps.

Freya und Würzburg – die Funkmess-Ausstattung

Der deutschen Flugabwehr – Nachtjagd und Flak – standen drei Typen von Funkmessgeräten (engl. Bezeichnung: Radar) zur Verfügung. Das Freya-Gerät, von dem bei Kriegsbeginn erst zwei Exemplare vorhanden waren, ermöglichte die Früherkennung einfliegender Verbände. Das Würzburg-Gerät wiederum wurde zum „magischen Auge“ für die Scheinwerfer-Batterien. Darüber hinaus diente es den Jägerleitstellen zur Orientierung, die den gestarteten Nachtjäger über Sprechfunk Zielanweisungen gaben.

Das Würzburg-Gerät arbeitete auf der 53-cm-Welle, wodurch die Sendeimpuise scharf gebündelt werden konnten. Dies führte zu genauen Messergebnissen. Das Gerät gab neben der Flugrichtung der angepeilten Maschinen noch die Seite und Höhe an. Es arbeitete so genau, dass es der Flak möglich wurde, auch nicht sichtbare Feindflugzeuge, die sich etwa hinter dichten Wolken verbargen, zu bekämpfen. Gegenüber dem Freya-Gerät, das auf der 2,4-m-Welle arbeitete, war es eine gewaltige Verbesserung, selbst wenn die Reichweite auf nur 35 km begrenzt war. Als großes Manko konnte das Würzburg-Gerät aber nur jeweils einen Nachtjäger an den Bomberpulk heranbringen. Dies genügte anfangs noch, als kleine Bomber-Gruppen nach Deutschland einflogen.

Oberst Josef Kammhuber, richtete diese Geräte nach einem bestimmten Schachtelsystem mit überlappenden Sektoren ein. Die Distanz von einer Jägerleitstelle zur anderen richtete sich nach der Reichweite von 35 km. Das hieß, dass im Abstand von 70 km jeweils eine Leitstelle mit einem Würzburg-Gerät installiert werden musste.

Von Kiel im Norden ausgehend, wurde entlang der niederländischen, belgischen und französischen Küste der erste Riegel aufgebaut. 20 solcher Würzburg-Jägerleitstellen entstanden in der „ersten Linie“. Dahinter befand sich der Scheinwerferriegel, und wiederum dahinter ballten sich im Ruhrgebiet die Flakstellungen und ein zweiter „Himmelbett-Riegel“. Ostwärts von Rostock bis hinunter in den Raum südwestlich von Magdeburg befand sich ein weiterer Scheinwerferriegel, und dann folgte in einem weiten Kreis um Berlin ein System von neun sogenannter Himmelbett-Stellungen.

Die Nachtjägerzonen befanden sich im Raume Bremen, bei Stade, im Ruhrgebiet und im Großraum Berlin. Als Generalmajor Kammhuber im August 1941 zum General der Nachtjagd ernannt wurde, hatte er dieses System in einem weiten Halbkreis von Dänemark bis hinunter an die Schweizer Grenze ausgebaut. In den Sektoren der Würzburg-Geräte operierten die Nachtjäger.

Das Himmelbett-Verfahren

Ab Mitte 1941 legte die Luftwaffe neben den Scheinwerferriegeln ein Netz kreisförmiger und in der Tiefe gestaffelter so genannter Himmelbett-Jagdräume an. Die Größe der Kreise richtete sich nach der Reichweite der Funkmessgeräte Würzburg oder Freya. Letztere waren für die Früherkennung der Bomber zuständig, während die Würzburg-Geräte genauere Messergebnisse lieferten und die Nachtjäger heranführten. Der größte Nachteil des Himmelbett-Verfahrens lag darin, dass jeweils nur ein Nachtjäger pro Nachtjagdraum geführt werden konnte.

Lichtenstein – das Bord-Funkmessgerät

Am Abend des 9. August 1941 startete die Me 110 von Oberleutnant Becker und Bordfunker Feldwebel Straub mit einer seltsamen, vor dem Bug angebrachten großen Antenne. Es war das Lichtenstein-B/C-Gerät, das „Auge der Nachtjagd". Es handelte sich um eine Braunsche Röhre, die vor dem Sitz des Bordfunkers eingebaut war. Auf ihr sollten helle Lichtzacken auftauchen, sobald ein feindliches Flugzeug in den Wirkungsbereich des Gerätes flog. Der Auffasswinkel der Antenne beschränkte sich auf 25 Grad und die Reichweite des Gerätes auf ganze 3.200 Meter. Oberleutnant Becker erfasste mit diesem Gerät den ersten Feindbomber und schoss ihn ab. Von diesem Tage an forderte der mit besonderen Vollmachten ausgestattete General der Nachtjagd Kammhuber mit allem Nachdruck diese „Augen" für sämtliche Nachtjäger. Mehr und mehr Maschinen wurden mit dem „Hirschgeweih" – wie die Antennen bei den Fliegern hießen – ausgerüstet. Der Nachtjagd verschaffte es eine

Periode steigender Abschusserfolge, bis die Briten dahinter kamen und Gegenmaßnahmen ergriffen. Sie entwickelten ihrerseits leistungsfähige Radarverfahren. Beginnend mit dem Leitstrahlnavigationsverfahren „Gee“ und dem Bomben-Blindabwurf-System „Oboe“ gelang ihnen Anfang 1943 mit der Einführung des Bordradars H2S der entscheidende Vorsprung. Zwar war es deutschen Technikern bereits im Februar 1943 gelungen, aus einem bei Rotterdam abgeschossenen britischen Bomber, ein H2S-Gerät zu bergen und nachzubauen. Der Gegner war allerdings bereits einen Schritt weiter gegangen. Erst nach dem Serieneinbau der verbesserten Bordsichtgeräte Lichtenstein SN 2 ab März 1944 stand den Nachtjägern wieder ein leistungsfähiges Bordradar zur Verfügung.

Inzwischen hatte sich das Fehlen leistungsstärkerer Flugzeuge aber nachdrücklich bemerkbar gemacht. Daraus resultierte eine von Monat zu Monat stärker werdende Luftüberlegenheit des Gegners. Diese ging nach der Invasion des 6. Juni 1944 in die totale Beherrschung des Luftraumes über.

Die erfolgreichsten deutschen Nachtjäger

Platz	Dienstgrad	Name	Nacht	Tag	Gesamt
1	Major	Heinz-Wolfgang Schnaufer	121	0	121
2	Oberst	Helmut Lent	102	8	110
3	Major	Heinrich Prinz zu Sayn-Wittgenstein	83	0	83
4	Oberst	Werner Streib	66	1	67
5	Hauptmann	Manfred Meurer	65	0	65
6	Oberst	Günther Radusch	64	1	65
7	Major	Rudolf Schönert	64	0	64
8	Hauptmann	Heinz Rökker	63	1	64
9	Major	Paul Zorner	59	0	59
10	Hauptmann	Martin Becker	58	0	58
11	Hauptmann	Gerhard Raht	58	0	58
12	Major	Wilhelm Herget	57	15	72
13	Oberleutnant	Kurt Welter	56	7	63
14	Oberleutnant	Gustav Francsi	56	0	56
15	Hauptmann	Josef Kraft	56	0	56
16	Hauptmann	Heinz Strünig	56	0	56
17	Hauptmann	Hans-Dieter Frank	55	0	55
18	Oberfeldwebel	Heinz Vinke	54	0	54
19	Hauptmann	August Geiger	53	0	53
20	Oberstleutnant	Herbert Lütje	51	2	53
21	Major	Werner Hoffmann	51	1	52
22	Major	Egmond Prinz zur Lippe-Weissenfeld	51	0	51
23	Stabsfeldwebel	Reinhard Kollak	49	0	49
24	Oberstleutnant	Walter Bochers	48	15	63
25	Hauptmann	Johannes Hager	47	1	48

26	Hauptmann	Georg-Hermann Greiner	46	4	50
27	Oberleutnant	Paul Gildner	46	2	48
28	Hauptmann	Hans-Heinz Augenstein	46	0	46
29	Hauptmann	Ludwig Becker	46	0	46
30	Major	Paul Semrau	46	0	46
31	Leutnant	Rudolf Frank	45	0	45
32	Hauptmann	Reinhold Knacke	44	0	44
33	Major	Martin Drewes	43	7	50
34	Major	Alois Lechner	43	0	43
35	Hauptmann	Werner Baake	41	0	41
36	Hauptmann	Ludwig Meister	41	0	41
37	Hauptmann	Leopold Fellerer	39	2	41
38	Hauptmann	Dietrich Schmidt	39	0	39
39	Hauptmann	Ernst Drünkler	38	7	45
40	Major	Eckart-Wilhelm von Bonin	37	2	39
41	Oberfeldwebel	Günther Bahr	36	1	37
42	Oberleutnant	Wilhelm Beier	36	0	36
43	Hauptmann	Helmut Bergmann	36	0	36
44	Oberleutnant	Günther Bertram	35	0	35
45	Hauptmann	Heinz-Horst Hissbach	34	0	34
46	Hauptmann	Wilhelm Johnen	34	0	34
47	Major	Walter Ehle	33	3	36
48	Hauptmann	Ernst-Wilhelm Modrow	33	0	33
49	Hauptmann	Heinz-Martin Hadeball	33	0	33
50	Major	Werner Husemann	32	0	32

51	Oberfeldwebel	Karl-Heinz Scherfling	31	0	31
52	Major	Hubert Rauh	31	0	31
53	Hauptmann	Heinz Ferger	30	0	30
54	Major	Hans Leickhardt	30	0	30
55	Major	Friedrich-Karl Müller	30	0	30
56	Major	Gerhard Friedrich	30	0	30
57	Oberstleutnant	Hans-Joachim Jabs	28	22	50